Die Erotik der Kabbala

Die Erotik der Kabbala

von

M. D. GEORG LANGER

mit einem Vorwort

von

PETER ORBAN

Melzer Verlag

1. Auflage

Umschlaggestaltung: Abraham Melzer unter Verwendung eines Bildes von Art Spiegelman

Satz und Layout: ZeroSoft, Timisoara

Druck und Bindung: GGP Media GmbH, Pößneck

ISBN: 3-937389-60-1

Printed in Germany

Es sagte Rabbi Katina: Wenn die Israeliten an den drei Festen in den Tempel zu Jerusalem kamen, da öffnete man vor ihnen den Tempelvorhang und man zeigte ihnen die Cherubim, wie sie sich innig umschlungen hielten, und man sagte ihnen: Sehet, euere und Gottes gegenseitige Liebe ist wie die Liebe des Mannes und der Frau!
Resch Lakisch sagte: Als die Barbaren den Tempel betraten, sahen sie die Cherubim, die sich innig umschlungen hielten. Sie schleppten sie auf den Markt hinaus und sagten: Sehet! Israel, dessen Segen ein Segen und dessen Fluch ein Fluch ist, beschäftigt sich mit derartigen Dingen?! Dann schmähten sie sie.

Talmud, Joma 54.

Die beiden Cherubim hatten ihre Gesichter zueinander gewendet, wie zwei Freunde, die in die Lehre vertieft sind. »Denn ein Jüngling ist Israel und ich liebe ihn« (Hosea 14, 5).

R. Jaakob Baal Haturim II, 25.

Vorbemerkung des Herausgebers

Georg Langer gilt als intimer Kenner des chassidischen Weges.

Geboren zu Prag im Jahre 1894 verlässt der noch nicht 20jährige im Jahre 1913 seine Heimatstadt; es zieht ihn nach Galizien in das Städtchen Bels (Beiz) – das jüdische Rom – und er wird hier Schüler des Rabbi Jizacher Bär Rokach (»eines der einflussreichsten chassidischen Häupter Ost-Galiziens« nach Meinung Gershom Scholems).

Hier erlebt er das Tanzen und Lachen der Chassiden. Hier kostet er die inbrünstige Süße und die Ekstase des Gebetes, des Feuers und des heiligen Bades. Es ist die Zeit, als die Zaddikim noch verrückt lachen, weinen und tanzen konnten. Eine Zeit, die er in einem anderem Buch so beschreibt:

»Die Anwesenden (in der Belser Synagoge zu Beginn des Sabbats) sind plötzlich wie elektrisiert. Die bis dahin ganz ruhige, geradezu beklommen harrende Menge bricht in einen wilden Aufschrei aus. Niemand bleibt an seinem Platz. Die hohen dunklen Gestalten durchmessen den Betraum und schwanken im Licht der Sabbatkerzen hin und her. Mit lauter Stimme rufen sie die Psalmworte aus, gestikulieren wild und bewegen sich mit dem ganzen Körper. Sie achten nicht darauf, ob sie an den Nachbarn stoßen, kümmern sich überhaupt um nichts, alles hört für sie auf zu existieren. Eine unbeschreibbare Verzückung hat sie ergriffen.

Träume ich? – Niemals habe ich ähnliches erlebt. Oder doch wohl?... Bin ich vielleicht schon einmal hiergewesen?... Alles ist so eigenartig unfassbar!« (Georg Langer: Neun Tore, Das Geheimnis der Chassidim, München 1959, S.19).

Langer nimmt einige Jahre teil an dieser Welt, die er von weit her zu kennen scheint. Es ist so, als erinnere er sich, als stiege er dort wieder ein, wo er sie einst verlassen hat. Alles ist ihm so vertraut. Auch das Studium der alten talmudischen und kabbalistischen Bücher, obwohl auf hebräisch und aramäisch geschrieben, bereitet ihm keine Schwierigkeiten

Zuerst wird er mit Misstrauen bedacht, der Prager Jüngling in einer mittelalterlichen jüdischen Gemeinde, aber als dann sein Gesicht von Unterernährung und Krankheit und fehlender Bewegung (und den eiskalten Bädern) blass geworden ist und sein Körper gekrümmt, glaubt man ihm, dass er es ernst meint und erst dann öffnen sich die Tore des Chassidismus.

Nach sechs Jahren nimmt er seinen Abschied vom heiligen Rabbi, der inzwischen alt und krank ist, und tritt wieder ein in die Welt des 20. Jahrhunderts.

In Prag wendet er sich der Wissenschaft zu und studiert insbesondere die psychoanalytischen Thesen Freuds und die Sexualtheorien Hans Blühers. Nach einigen Jahren dieser Tätigkeit (so veröffentlicht er unter anderem einen Aufsatz über den jüdischen Gebetsriemen in der angesehenen psychoanalytischen Zeitschrift »Imago«) erinnert er sich noch einmal. Diesmal an den Jüngling, der einst ein Chassid war.

Wir finden hier ein Novum in der Literatur: Die vergangene Epoche der jüdischen Mystik (im System der Kabbala) und die moderne Welt, mit ihren tiefen Beschreibungen der Seele, vermählen sich zu einer »Erotik der Kabbala«.

Langer untersucht jetzt die Spuren des Eros in der Verzückung der mystischen Ekstase. Nicht, dass hier ein Missverständnis sich einschleicht: das, was Langer meint, hat mit dem heute gängigen Wort »Eros« kaum noch etwas gemein.

»Die Menge der Frommen wogt und strömt, braust und siedet wie ein glühender Lavastrom. Plötzlich, wie auf Befehl, bleiben alle stehen und wenden sich nach dem Westen, nach dem Eingang des Bet-Raumes, das Haupt in Erwartung gesenkt. In diesem Augenblick tritt unsichtbar die Königin Sabbat ein und bringt einem jeden von uns die kostbare himmlische Gabe: noch eine, eine neue feiertägliche Seele.«

Er hat es erlebt, diesen Eros, der ihn überkam.

»Kehre ein in Frieden, Krone des Herrn, in Freude in Jubel, inmitten der Gläubigen des auserkorenen Volkes! Kehre ein, o Braut, kehre ein, o Braut!«

Diese neue Seele, die sich mit der alten in Verzückung vermählt, von diesem Erleben handelt der vorliegende Text.

Entstanden ist ein Buch (erstmals erschienen 1923 in Prag bei Josef Flesch), das erstaunlich jung geblieben ist und das gerade jenen Menschen, die heute auf der Suche nach der Wahrheit des eigenen Inneren sind, ganz verblüffende Einsichten über die Erotik dieser Suche zu vermitteln in der Lage ist.

Und: Ein Buch, das hilft, sich zu erinnern ...

Dr. Peter Orban

VORWORT

(Grundprinzip der Kabbala – Ihr Ursprung – Von der Wahrheit)

Niemand kann nachweisen, wie weit das philosophische System des Spiritualismus recht hat und alle Gegenstände, welche wir mit unseren Sinnen wahrnehmen, bloße Fiktion unserer Einbildungskraft sind. Unwiderlegbar aber ist, dass wir unsere Individualität, die verschiedenen Eigenschaften unseres Körpers und unserer Seele nach außen projizieren und nur dadurch in die Lage kommen, zwischen den verschiedenen Daseinsformen und Ereignissen unterscheiden zu können. So wären wir zum Beispiel, wenn unser Körper nicht selbst Ausdehnung besäße, nicht imstande, die Dimensionen der Länge und der Breite in unserer Umgebung zu erkennen. Und besäße der Mensch kein sexuelles Empfinden, so hätte sich die Menschheit wohl kaum die fein differenzierten und nuancierten Begriffe der Schönheit geschaffen. Dieselbe Methode nun, die jedermann auf seine materielle Umwelt anwendet, benützt der Kabbalist in der metaphysischen. Er projiziert sein ganzes Wesen, sein ganzes Menschentum ins Unendliche. Im Unendlichen selbst verlieren sich wohl alle hineinprojizierten Einzelfaktoren der Materie und der Mensch kann sich infolgedessen auch weiterhin keinen Begriff vom Unendlichen machen. Etwas Großes ist aber durch dieses Vorgehen doch erreicht worden. Indem nämlich der Kabbalist voraussetzt, dass zwischen dem begrenzten Dasein des Menschen und dem Unendlichen unzählige Zwischenstufen existieren, stellt er sie sich etwa so vor, als wären es lauter parallel stehende geistige Wände, gleichsam Projektionsflächen, durch welche die vom Unendlichen emanierten »Strahlen« durchlaufen, bis sie zum Menschen gelangen, wie etwa durch Glasscheiben. (Vergleiche hierzu den Anfang des Buches »Ez Chajim«.[1] Und in dem Maße, als sie vom Unendlichen mehr oder weniger entfernt sind, sind sie heller oder dunkler, so dass sich der durchlaufende »Strahl«, bevor er zum Menschen gelangt, verschiedenartig bricht und sich in seine Urelemente zerlegt. Dabei fallen von ihm unzählige Funken ab und jeder Funke ist eine Welt für sich. So entstehen die

»Oberen Welten«, die S'phiroth, die »Wunderpaläste«, Schleier-Seelen und Geister, mit denen sich die Kabbala beschäftigt. Im Angesichte dieses erhabenen Anblicks gelangt der Mensch zur absoluten Vollkommenheit und der Gerechte erhält Eigenschaften, die einem gewöhnlichen Sterblichen nicht zuteil werden. Dies ist etwa – mag er auch nirgends ausdrücklich ausgesprochen sein – der Grundgedanke der Kabbala in ihrer höchsten Entwicklungsstufe. (Die Zeit dieser noch vor sich gehenden Entwicklung ist eine recht lange. Die ältesten kabbalistischen Schriften, z.B. »Sepher Jezirah«, »Pirqe Hekhaloth« u.a. weisen ins Altertum, die letzten Werke wurden vor einigen Dezennien verfasst.)

Wollte man also irgendeine die Wesenheit der Kabbala charakterisierende Bezeichnung finden, so könnte man sie etwa als »Lebens-Metaphysik« (analog der »Lebens-Philosophie« eines Dilthey, Nietzsche, Bergson, Eucken, Felix Weltsch, Scheler u.a.) bezeichnen. Der Kabbala den Vorwurf einer Systemlosigkeit zu machen, wie es manche so gerne tun, ist daher genau so töricht, wie dem Leben selbst Systemlosigkeit vorzuwerfen.

Analogien zu der metaphysischen Projizierungsmethode der jüdischen Kabbala findet man auch in anderen Kulturen. Mit besonderer Prägnanz ist sie, glaube ich, in den indischen Upanischaden ausgedrückt; es heißt dort z.B.: »Wahrlich sich selbst muss man erkennen. Wer sich selbst geschaut, gehört, verstanden und erkannt hat, dem wird wahrlich die ganze Welt offenbar.« Und mit noch größerer Deutlichkeit: »So wie eine Spinne ein Gewebe aus sich hervorbringt, so wie aus Feuer auf allen Seiten kleine Funken ausgehen, so gehen aus der menschlichen Substanz (Athman) alle Geister, alle Welten, alle Götter und alle Geschöpfe überhaupt hervor.«

Zur Erforschung der Kabbala dienen zwei Methoden: Erstens die Methode einer quasilogischen Reflexion, deren Vertreter vor allem der große italienische Gelehrte Rabbi Mosche Chaim Luzzatto war, und zweitens die psychologische Methode von Rabbi Schniur (Senior) Salman aus Ladi, dem »Gaon« (Genie) der Chassidim. Wir aber wollen, um dem Leser den Schlüssel zum Garten der Mystik in die Hand zu geben, nebstdem auch die bescheidenen Mittel benützen, die uns die moderne Wissenschaft bietet, wie die vergleichende Philosophie, die historische Untersuchung, die Psychoanalyse und andere. (Die gesamte Weltansicht der Kabbala und ihre hohe Ethik kann im Rahmen dieses Buches natürlich nur angedeutet werden.)

Ich betone jedoch, dass ich nur einen Schlüssel zu der kabbalistischen Lehre bieten kann. Denn die Kabbala kann nicht wie irgendeine andere Weisheit gelehrt werden. Sie ist überhaupt nicht bloße Weisheit, die Kabbala muss gelebt werden, denn sie ist ein Leben, sonderbar in seiner Art. Wer nie die Süße der Inbrunst und der Ekstase des Gebetes gefühlt hat, wer nicht das Feuer des Fastens und die Kühle des heiligen Bades gekostet, wer die Freude der »Mizwa« nicht kennt, die Weihe der Abenddämmerung bei der »Dritten Mahlzeit« am Sabbat nicht empfangen hat, wessen Herz vom verzückten Lachen und Weinen der Zaddikim nicht erschüttert ward, – der wird den »Garten« nie betreten und nie seine Herrlichkeit schauen.

Man hat vielfach versucht, das Problem der Kabbala – die sicher eines der großartigsten geistigen Phänomene ist – einfach dadurch zu beseitigen, dass man sie als etwas Unoriginelles, als ein ins Judentum hineingetragenes Produkt eines fremden Geistes, vor allem des hellenischen, darstellte. Diese Auffassung ist völlig verfehlt, wenngleich Anlehnung an Einzelheiten hellenischer, christlicher und mohammedanischer Kultur nicht fehlen. Einige in der Kabbala vorhandene Lehren gibt es wohl auch in gewissen verwandten philosophischen Systemen des alten (und auch des neuen) Europa, wir finden jedoch ähnliche auch im alten China und Indien, ohne dass wir da an größere Beeinflussung denken könnten. Nirgends aber finden wir, dass sich diese Ideen zu einem so geschlossenen Ganzen verbinden, so tief im Volksleben verwurzelt sind und dort ihre Wirksamkeit entfalten, wie es im Judentum der Fall ist.

Die Übereinstimmung in den Gedanken genialer Geister verschiedener Rassen weist nur auf die Gleichheit in den letzten Dingen aller Menschen hin, sie kann als ein Moment dienen, welches daran erinnern soll, dass alle Nationen in ihren höchsten menschlichen Gefühlen gleichgeartet sind und darum die alten, sinnlosen Gehässigkeiten und Plackereien endlich beendigen sollten, – aber auf irgendeine »Beeinflussung« und Minderwertigkeit der einen oder der anderen schöpferischen Rasse kann aus bloßer Übereinstimmung gewisser Gedankengänge nie geschlossen werden.

Dass auf den Höhen des menschlichen Gefühles die Zufluchtsstätten all derjenigen zu suchen sind, die um den großen Frieden der Zukunft ringen, haben, wie mir scheint, wenige so klar geschaut wie der tschechische Mystiker-Dichter Ottokar Brezina in seinem »Gebete für die Feinde«:

» Und unsere einsamsten Stillen waren ein Ort,
wo wir einander begegneten«

und:

»Und die von uralter Schuld erhitzten Wangen
möge der Tau neuen Schattens kühlen
In dem wir auch die Seelen unserer Feinde
dereinst mit Liebeserbarmen durchdringen«

Diese Verse möchte ich geradezu als »kabbalistisch« bezeichnen, denn die Kabbala ist eben solch ein Tau der Liebe. Der Umstand, dass die Kabbala später niedergeschrieben wurde als die griechische Philosophie, ist kein Argument gegen ihre Originalität. Denn, dass es im alten Israel mystische Lehren gegeben hat, beweisen ja viele mystische Visionen und Sprüche der Propheten und des Talmuds, und dass nicht alles, was die alten Hebräer geglaubt und gelehrt haben, in der Bibel kodifiziert wurde, erhellt aus der nachgewiesenen, hohen Altertümlichkeit vieler Talmud-Stellen.[2] Die Entstehung der Kabbala dürfen wir nicht wesentlich außerhalb des Judentums suchen, vielmehr im innersten Innern des Volkes. Und sollten wir auch dieses Hineingreifen ins Innere noch so schmerzlich empfinden, so würde uns dies doch der Forschungspflicht nicht entheben.

Und da hätte ich noch ein ernstes Wort zu sagen.

Es gäbe nichts »Unjüdischeres«, als die Wahrheit zu verbergen, denn das Judentum ist die »Torath-Emeth«, die Lehre der Wahrheit und ihr ewiges Suchen. Die Emeth (Wahrheit) ist, wie der Talmud sagt, »der Siegelring Gottes«. Nach der mittelalterlichen jüdischen Religionsphilosophie ist der Mensch nur deshalb geschaffen worden, um seine Natur zu brechen. Und diese Natur ist die Lüge. Denn also erzählt der Midrasch (eine aus dem fünften nachchristlichen Jahrhundert stammende rabbinische Sammlung uralter Überlieferungen): Als Gott den Menschen erschaffen wollte, da befragte er die Wahrheit. Diese aber sagte, er solle nicht geschaffen werden, denn er sei lauter Lüge. Als nun Gott die Liebe befragte, sagte diese, er solle geschaffen werden, denn er werde auch Gutes tun, und nach ihr entschied sich der Schöpfer. – (Welch tiefer Gedanke!) Und wie wussten die Kabbalisten selbst die »Wahrheit« zu schätzen! So sagte der Baal-Schem: »Wenn es richtig ist, was die Schrift (Psalmen) sagt: ›Die Wahrheit wächst aus der Erde‹, warum hebt sie also niemand auf? Sie ist doch ein so rarer Gegenstand? Die Antwort aber ist: ›Es will sich niemand so tief bücken.‹ « (Aus dem Buche »Pith-garnin Qaddischin«) – Die Wahrheit liegt also tief im Irdischen und niemand hat den Mut, in dieses Irdische tiefer einzudringen. (Wie muss man da die große Liebe der Rabbiner zu allem Dasein bewundern, wenn sie trotz ihrer ungemeinen Hochschätzung der Wahrheit auch ihre Lebensfeindin – die Lüge zu bewerten wissen. Im »Midrasch« wird z.B. berichtet, dass Noah in sein Schiff unter anderen unreinen Lebewesen auch die Lüge mitgenommen habe, damit sie in der Sintflut nicht untergehe. Und Baal-Schem meinte, auch die Lüge sei wertvoll, wenn man sie richtig zu benützen wisse, so wie der erfahrene Arzt manchmal dem Kranken Gift im kleinen Maße vorschreibt und ihn dadurch heilt. – »Kether Sehern Tobh«.) Einen Enkelschüler des Baal-Schem, den großen Rabbi Elimelech aus Lisensk, fragte einst jemand, warum er kein Werk herausgebe. »Ich gebe ein Werk heraus«, sagte der Rabbi, »es behandelt die Punkte des Herzens«. Zwei Punkte habe ich schon fertig, so dass mein Werk ›Emath Halebh‹ heißt. (»Die Furcht des Herzens«. – Emath wird mit einem aus zwei Punkten bestehenden Vokalzeichen »Zere« unter dem ersten Buchstaben geschrieben.)

Jetzt bemühe ich mich, noch einen Punkt fertig zu bringen, damit ich das Werk »Emeth Halebh« nennen kann.« (»Die Wahrheit des

Herzens«. »Emeth« wird mit einem aus drei Punkten bestehenden »Segol« unter dem ersten Buchstaben geschrieben). – Wollen auch wir die Furcht-Emath zur Wahrheit-Emeth entwickeln! Der Bau des Judentums wird dadurch nicht ins Wanken gebracht, das »Meer der Tora« wird dadurch nichts von seiner Tiefe verlieren.

I.

DIE BEIDEN POLE

(Zwei geheimnisvolle kabbalistische Texte)

Die bleiche Pflanze, die im dunklen Keller wächst, lebt nicht lange. Sie treibt plötzlich in die Höhe, krümmt und windet sich, saugt die spärlichen Lichtstrahlen, welche sich in die Tiefe eingeschlichen haben, und – welkt rasch dahin, trägt weder Blüten noch Früchte.

Denn kein Wachstum gibt es ohne den Segen des Sonnenlichtes, ohne die reine, natürliche Luft und ohne Unbeengtheit.

Das Judentum ist ein Baum, der in einem tiefen, mit dunklen Wolken überzogenen Abgrunde aufwuchs, und dennoch ließ es herrliche Blüten aus sich emporwachsen. Was war die geheime Kraft, die ihm die nötige Energie zu seiner eigentümlichen Aktivität verlieh und die Entfaltung seiner wunderbaren Fruchtbarkeit auf allen kulturellen Gebieten verursachte?

Man pflegt zu antworten: Die Religion und das Studium der Tora.

Diese Antwort hat wohl einen tiefen Inhalt, aber sie klärt unser Problem wenig. Sie spricht nur: »Untersuche mich!« (Eine talmudische Redensart.) Denn die jüdische Religion unterscheidet sich im Wesen ihrer Verheißungen nicht von anderen Weltreligionen und überdies legt sie ihren Anhängern eine schwere Last von mysteriösen Vorschriften und Gepflogenheiten auf, welche das infolge Rassenverschiedenheit ohnedies schwere Leben des Exiljuden unter hassgeneigten fremden Völkern noch um Erhebliches erschweren.

Und ähnlich verhält es sich auch mit dem Talmud-Studium. Es darf nicht geleugnet werden, dass es dem Beflissenen weite Horizonte in die Wunder der Göttlichkeit und der Schöpfung öffnet, aber nur wenige sind es, deren »Gehirn dies verträgt«. Gewöhnlich besteht das Talmud-Studium im Feststellen des wahren Sinnes der tradierten trockenen Gesetzesparagraphen und der genauen Auslegung der einzelnen Vorschriften. Dies wird allerdings mit einer scharfen Dialektik, mit »Entwurzeln der

Berge und ihrem Zermahlen durch die Vernunft« verbunden, was wohl die Gehirne intensiv zu beschäftigen vermag, den Verstand schärfen und das Denken läutern kann, – jedoch das zum Wachsen und Blühen treibende Naturlicht kann es nie ersetzen.

Wollen wir mithin weiter die Annahme beibehalten, dass der Glaube und die Heilige Lehre nicht bloß ein konservierendes, sondern auch ein aktivierendes Element im Leben des Exiljuden darstellen, so werden wir unserer obigen Frage etwa folgende Form geben müssen: Was bildet den eigentlichen Kern dieser Religion und worin liegt ihre große Kraft?

Um die Antwort auf diese Frage zu suchen, wollen wir zunächst folgende zwei interessante Stellen aus dem Buche »Sohar« (wörtlich Glanz), dem »siegreichen Brunnen« der Kabbala erörtern (näheres über dieses seltsame Buch später):

»Komm und sieh! Es gibt ein Gewand, das allen sichtbar ist. Die Törichten dieser Welt, wenn sie den Menschen in dem Gewande erblicken, das ihnen als schön erscheint, da achten sie auf nichts mehr. Die Bedeutung des Gewandes aber liegt im Körper, die Bedeutung des Körpers in der Seele. Denn ähnlich hat die Lehre einen Körper, das sind die Gesetze der Lehre, die (im Talmud), ›Körper der Tora‹ genannt werden. Dieser Körper kleidet sich in ein Gewand, das sind die Erzählungen weltlicher Art. Die Törichten dieser Welt schauen nicht, was unter dem Gewande, diejenigen, die schon mehr wissen, betrachten bloß den Körper unter dem Gewande, die Weisen aber, die Knechte des erhabenen Königs, jene, die am Berge Sinai standen, betrachten nur die Seele, welche wahrlich die Hauptsache der Tora ist, und in der kommenden Zeit da werden sie die ›Seele der Seele‹ der Lehre schauen. – Der Himmel und seine Heerscharen sind das Gewand, ›Israels Gemeinschaft‹ – dies ist der Körper. Die Seele, von der wir sprachen, das ist Israels Schönheit, die eigentliche Lehre. Und die ›Seele der Seele‹, dies ist der ›Heilige Alte‹ – und alles ist miteinander vereinigt ...« (Sohar II, 152 a, verkürzt).

Verlassen wir vorläufig diese auf den ersten Blick ziemlich unverständliche Sohar-Stelle und lenken wir unsere Aufmerksamkeit auf den zweiten Ausspruch:

»Heilig sollt ihr sein, denn heilig hin ich, der Seiende, Euer Gott.« (Lev. 19)

»Rabbi Aba lehrte: In diesem (so beginnenden) Kapitel ist die gesamte Lehre enthalten. Es ist ein wahrer Abdruck des ›Siegelringes‹ (der Wahrheit). Hier finden sich die erhabenen Geheimnisse der Lehre wieder ... Denn, wenn die ›Genossen‹ (die Weisen) zu diesem Kapitel gelangen, da freuen sie sich ... Komm und sieh!

Der König (Gott) wirbt nur um den, der ihm angemessen ist. Darum wohnt der Heilige (Gott), gesegnet ist Er, nur in dem, der (gleich ihm) Eins ist. Wenn sich der Mensch vervollkommt durch die hohe Heiligkeit, um Eins zu sein, so ruht Er in diesem Eins »und wann wird der Mensch ›Eins‹ genannt? – Wenn sich Mann und Weib in geschlechtlicher Verbindung (Siwuga) befinden« Und komm und sieh! Zur Zeit, da sich der Mensch, Mann und Frau, in Vereinigung befindet und darauf achtet, dass seine Gedanken geheiligt seien, (vgl. Talmud Nidah 71 a) da ist er vollkommen, ohne Makel, und da wird er ›Eins‹ genannt. Darum soll der

Mann seine Frau freudig stimmen in jener Stunde, damit sie eines Willens mit ihm sei, und sie beide sollen vereinigt ihre Gedanken auf jene Sache richten. – So wie wir gelernt haben (im Talmud): Wer keine Frau genommen hat, der ist, als wäre er nur eine Hälfte. (Jebamoth 83) Wenn sich aber Mann und Frau verbinden, so werden sie ein Körper: ein Körper und eine Seele, – da wird der Mensch ›Eins‹ genannt. Da ruht der Heilige, gesegnet ist Er, in dem Eins und bestimmt einen heiligen Geist für diesen Einen. Dies wird ›Die Söhne des Heiligen‹, gesegnet ist Er, genannt. (Vgl. Talmud Schebuoth 18 b: Wer sich heiligt zur Zeit des geschlechtlichen Aktes – bekommt männliche Kinder. Dem gegenüber lehrt der Talmud, im Traktata Kiduschin 70 a: Wer eine Frau um des Geldes willen heiratet, bekommt unwürdige Kinder.) Darum (durch dieses »Eins von Mann und Frau« erhält der Satz, von dem wir ausgingen, seinen wahren Inhalt): Heilig sollet ihr sein, denn heilig bin Ich ...« (Sohar III, 81 a, verkürzt).

Der Sinn dieser Stelle ist ganz klar. Man kann ihn etwa in folgendem Satze zusammenfassen: Gott ruht in dem, der sich reinen Gefühls mit seiner Frau geschlechtlich vereinigt: dies ist – nach »Sohar« – der wahre Sinn der ganzen Tora (ihrer Gesetze und Erzählungen). Oder mit anderen Worten: Der Gedanke des sexuellen Aktes in seiner höchsten Reinheit ist der geheime Urgrund der Tora und der Offenbarung Gottes. Diese Idee mag dem recht sonderbar erscheinen, der die jüdische religiöse Literatur nicht näher kennt, und daher mit dem gewöhnlichen Klischee puritanischer, sexusfeindlicher »Frömmigkeit« verwechselt, der die jüdische Grundhaltung überhaupt nach dem schwächlichen philiströs-bürgerlichen Ideal des heutigen bürgerlichen Juden beurteilt. Man findet gerade im jüdischen Schrifttum, das mancher moderne Kritiker des Judentums für antierotisch hält (z.B. Sombart), das Erotische als ganz zentralen Grund und in höchster Bedeutsamkeit. So haben wohl nicht ohne Grund die talmudischen Weisen mit Nachdruck betont, dass das Gebot: »Seid fruchtbar und vermehret Euch!« (Gen. 1, 28) das erste aller Gesetze ist. Der Vers »Eine Lehre befahl uns Mose, eine Erbschaft der Gemeinde Jakobs« (Deut. 34, 4) wird also gedeutet: »Lies nicht Moraschah (Erbe), sondern M'orassah (Vermählte).« – B'rachoth 57 a. Und nur scheinbar unerotisch ist die Talmudstelle (Rosch haschanah 4 a): »die Tora sei Israel so lieb wie der geschlechtliche Genuss anderen Nationen«.

Und dennoch genoss manchmal selbst bei den alten Talmudweisen die Frau einen Vorzug auch vor dem Tora-Studium. »Einst saßen die Schüler R. Jehudas und studierten Mischnah. Da ging eine Braut an ihnen vorbei und R. Jehuda sprach: Stehet auf, o Freunde, und befasset euch mit dieser Braut! Denn also finden wir, dass sich der Heilige, gesegnet sei Er, vor allem mit der Braut befasste. Denn es heißt: ›Und es baute Gott der Herr die Rippe‹ (Gen. 2, 22). Und es sagt R. Simon ben M'nassia, dies lehrt uns, dass Er sie geformt und geschmückt hat«. (Aboth d' R. Nathan I.) Nicht unähnlich unserer Sohar-Stelle erscheint auch der Ausspruch Rabbi Akibas zu seinen Schülern, als diese seine Gemahlin nach ihrer vierundzwanzigjährigen Trennung von ihm hindern wollten, sich ihm zu nähern: »Lasset sie, denn alles, was ich und ihr habet, (d. h. unser Wissen) gehört ihr«. (Nedarim 50 a). Er hatte sich nämlich ursprünglich nur deshalb dem Studium gewidmet, um seiner Gattin würdig zu werden. Ferner lehrte Rabbi Akiba: »Gottes Herrlichkeit ruht auf den Eheleuten, wenn sie rein und rechtschaffen sind, sind sie es nicht, so verzehrt sie Feuer«. (Sota 17 b) Wenn wir all die Wunder, welche die Agadah von der treuen Liebe Rabbi Akibas und seiner Frau zu erzählen weiß, in Betracht ziehen, so erstrahlt auch sein bekannter Ausspruch über die Erotik des »Hohen Liedes« in richtigem Lichte: »Sind alle Hagiographen ein Heiligtum, so ist das ›Lied der Lieder‹ das Allerheiligste, denn es ist lauter Gottesfurcht und die Aufnahme des Joches seiner königlichen Gewalt.« –

»Wer seine Frau wie seinen eigenen Leib liebt und sie mehr als seinen eigenen Leib ehrt, von dem sagt der Bibelvers: und dein Zelt wirst du voll des Friedens wissen.« (Jebamoth 82 b). –

Es ist klar, dass diese Art der Sexualität wirklich nur die höchste Stufe des edelsten Eros ist und nichts mit der kühlen, »jenseits von Gut und Böse« liegenden gott- und lieblosen

Sexualität gemein hat, die neben einer unzureichenden sozialen Ordnung und Jurisprudenz wohl die banalste Seite der modernen, »unromantischen« Kulturnationen darstellt. Es sei hier folgende Sohar-Stelle angeführt: »Wenn auch der König ein Bett aus Gold und kostbaren Geweben besäße, die Königin aber ihm ein Bett aus Steinen bereitete, verlasse er das seine und schlafe in dem, das sie bereitet hat ... Komm und sieh! Was steht da geschrieben: ›Und der Mensch sprach: diesmal ist's Gebein aus meinem Gebein.‹ (Gen. 2). Es sind wohlriechende, berauschende Worte, um sie (die Frau) damit an sich zu ziehen in Lieblichkeit, um sie dem Manneswillen näherzubringen und gegenseitige Liebe zu wecken. Siehe, wie wohlriechend, wie berauschend sind die Worte (bei der Erschaffung Evas) ›Gebein aus meinem Gebeine und Fleisch aus meinem Fleische‹ um ihr zu zeigen, dass sie Eins sind, dass es gar keine Trennung gibt zwischen beiden. Nun kann er sie besingen: ›Diese wird Frau genannt‹ – die ist es, derengleichen es nicht gibt, sie ist die Ehre des Hauses, alle Frauen sind gegen sie wie der Affe gegen den Menschen. Aber ›diese wird Frau genannt‹ das heißt die höchste Vollkommenheit. Nur ›diese‹ und keine andere! – Das alles sind nur Liebesworte, so wie es heißt: ›Wacker benehmen sich viele Frauen, aber du bist über sie alle erhaben!‹ (Prov. 31). ›Darum verlässt der Mann seinen Vater und seine Mutter und schließt sich an seine Frau.‹ Alles das, um sie zur Liebe zu bringen, und um sich an sie zu schmiegen ... Was heißt das: ›Und die Schlange war die schlaueste unter allen Tieren?‹ Das bedeutet das Erwachen des bösen Triebes, um die Frau zu ergreifen, um sie durch Leidenschaft an den Körper zu binden, um in ihr die anderen Dinge zu erwecken, an denen sich der ›böse Trieb‹ freut. Wie es heißt: ›... und sie gab auch ihrem Manne‹, als sie zu ihm von Leidenschaft ergriffen wurde, um ihm ihr Wohlwollen und ihre Liebe zu schenken. – Diese Dinge, die von den oberen Welten handeln (nämlich von den göttlichen Gewalten S'phiroth'[3], genannt Duchra und Nuqba) mögen den Menschen als Beispiel dienen!« (Sohar 1, 49 b).

Wie frisch sind diese alten Worte! Welch tiefe Menschlichkeit sie in sich bergen!

Der durch seine Strenge und Askese berühmte kabbalistische Moralist Rabbi Eliahu di Vidas (Safed) schreibt: »Wer nie die Kraft der leidenschaftlichen Liebe zur Frau kennen gelernt hat, wird auch die Liebe zu Gott nicht erreichen.« Auch erzählt er von einem armen Manne, der, von vergeblicher leidenschaftlicher Liebe zu einer Prinzessin betroffen, sich in seiner Verzweiflung auf einen Friedhof begibt, wo er ohne Speise und Trank das Ende seines Lebens erwartet. Sein tiefer Schmerz wird dort zur Ekstase, bald ruht der heilige Geist auf ihm, und eine Wunderkraft wird ihm verliehen, so dass er viele Kranke heilt usw. (»Reschith Chochmah« Schaar Ahabhah). – Der Kabbalist R. Chaim ben Bezalel (Krakau), ein Bruder des Prager Hohen Rabbi Lew schreibt: »Die richtige Verbindung (zwischen Mann und Weib) ist eine heilige und reine Sache. Es ist dabei weder etwas Schändliches noch etwas Hässliches. Bileam sagte: Kann der Reine solche Sachen schauen? Und für dieses Wort wurde dieser Bösewicht blind auf einem Auge. Denn gewiss stimmt dieser Bösewicht mit seinem Genossen, dem unreinen unbeschnittenen Griechen

(!) überein, der da sagt, die Sexualität sei eine Schmach für uns. Beide kennzeichnen hiermit nur ihre eigene Denkart. Denn sie sind derart von Gier ergriffen, dass es ihnen als ausgeschlossen erscheint, dass der Mensch seine Gedanken auf das Höchste richten könne, während er mit diesem Dinge beschäftigt ist.« (Sepher ha-Chaim II, 1). – Diese Stelle ist deshalb besonders interessant, weil sie der herkömmlichen Meinung vom jüdisch-griechischen Gegensatz (vgl. Heine: Nazarener und Hellenen) geradezu polar entgegengesetzt ist und sozusagen die beiden Rollen vertauscht, indem der Jude die Sinnlichkeit (allerdings eine »geheiligte« Sinnlichkeit) gegen den Griechen verteidigt. – Was die Talmudweisen über den Vers: »Eine Lehre gab uns Mose – eine Erbschaft (Moraschah) der Gemeinde Jakobs« (Dt. 33, 4) sagten, nämlich: »Lies nicht Moraschah, sondern M'orassah (Verlobte)«, bringt der Sohar in einem erotischen Gleichnis zum Ausdruck, das schon wegen seiner originalen Schönheit erwähnt zu werden verdient. »... Wie viele Menschen befinden sich in Verwirrung ihres Verstandes und blicken nicht in der richtigen Weise in die Tora hinein. Und die Tora ruft ihnen täglich seufzend und liebevoll zu, sie aber wollen ihr den Kopf nicht zuwenden. Und sagte ich, dass es die Art der Tora sei, dass ein Wort aus seiner Umhüllung herauskommt, sich ein wenig zeigt und sich sogleich wieder verbirgt, so verhält es sich wahrlich also. Und auch, wenn sie sich ihrer Hülle entblößt, um sich wiederum sogleich zu verbergen, tut sie dies nur für die, welche sie kennen und mit ihr vertraut sind. Ein Gleichnis: Womit ist dies zu vergleichen? Mit einer Geliebten, schön von Gestalt und schön von Angesicht, die in ihrem Palaste tief verborgen weilt. Sie hat einen Geliebten, einen einzigen, von dem die Menschen nicht wissen. Nur sie allein kennt ihn insgeheim. Und dieser Geliebte in seiner Liebe, mit der er sie liebt, geht vor dem Tore ihres Hauses ständig umher und er erhebt seine Augen nach allen Seiten hin. Sie weiß, dass der Geliebte vor dem Tore ihres Hauses immer umhergeht. Was tut sie? Sie macht eine kleine Öffnung auf in dem geheimen Palaste, wo sie sich befindet, und enthüllt ihr Angesicht ihrem Geliebten und verbirgt sich wieder sogleich. Alle, die sich neben ihrem Geliebten befanden, schauten gar nichts und sahen gar nichts. Nur ihr Geliebter sah sie allein, und seine Eingeweide und sein Herz und seine Seele trieben zu ihr hin. Er weiß: in ihrer Liebe, mit der sie ihn liebt, enthüllte sie sich ihm für einen Augenblick, um seine Liebe wach zu halten. – Also verhält sich's nun auch mit dem Tora-Worte. Es offenbart (enthüllt) sich nur dem Geliebten gegenüber. – Weiß die Tora, dass jener Weise des Herzens vor dem Tore ihres Hauses den ganzen Tag umhergeht – was tut sie? Sie enthüllt ihm ihr Antlitz aus dem Palaste, gibt ihm ein Zeichen und kehrt sofort an ihren Ort zurück und verbirgt sich wieder. Alle, die dort standen, merkten nichts und beobachteten nichts, nur er allein und seine Eingeweide und sein Herz und seine Seele trieben zu ihr hin. So enthüllt sich die Tora und verschleiert sich und kommt ihrem Geliebten liebevoll entgegen, um seine Liebe zu wecken. Komm und sieh! Also ist der Weg der Tora: Anfangs, wenn sie sich dem Menschen zu enthüllen beginnt, gibt sie ihm ein Zeichen, eine Andeutung; versteht er es, so ist es gut – wenn nicht, schickt sie zu ihm und nennt ihn: ›dumm‹... Sie sagt dem, den sie zu ihm schickt: ... saget jenem Dummen, er soll doch näher kommen! ... Hat er sich ihr genähert, fängt sie an mit ihm zu reden, hinter einem Vorhang, den sie ausgebreitet hat, redet von Dingen, die ihm entsprechen, bis er nach und nach Einsicht bekommt ... danach erzählt sie ihm, hinter einem dünnen Schleier (verborgen), rätselhafte Dinge ... dann, wenn er bereits ihres Umgangs gewohnt ist, enthüllt sie sich ihm von Angesicht zu Angesicht und spricht mit ihm über alle ihre geheimnisvollen Mysterien und über alle geheimen Wege, die in ihrem Herzen seit den Tagen der Vorzeit verborgen waren. Da wird der Mensch vollkommen, wird ›Gatte der Tora‹ (Baal Tora) ...« (Sohar II, 99 b).

Es sei hier auch der (allerdings in der Endentscheidung nicht aufrecht erhaltene) talmudische Satz angeführt: »Drei haben etwas vom Jenseits an sich: Die Sonne, der Sabbat und der geschlechtliche Verkehr« (B'rachoth 57 b).

Das Wunder der Erotik hat die alten hebräischen Denker nicht weniger beschäftigt als die der anderen alten Kulturvölker. Schon das erste Buch Mosis (1, 27) schreibt ihm eine erhabene Bedeutung zu, indem es ein Analogon der geschlechtlichen Vereinigung in der Wesenheit Gottes findet: »Und Gott schuf den Menschen in Seinem Ebenbilde, im Ebenbilde Gottes schuf er ihn, als Männliches und Weibliches schuf Er sie ... (2, 22): Und da nahm Er eine von Seinen Seiten ... und baute sie als Frau auf ...« (2, 24): »Darum verlässt der Mann seinen Vater und seine Mutter und schließt sich an seine Frau an«. Die alten talmudischen Weisen kommentieren diese Stelle wie folgt: Er schuf sie mit zwei Gesichtern und zerschnitt sie danach. (Dass diese Erklärung – die in Platos Symposion wiederkehrt – tatsächlich dem wahren Sinne dieser Bibelstelle entspricht, erhellt daraus, dass wir auch im Assyrischen diese Ansicht vorfinden. Sie war also eine alte, den vorderasiatischen Völkern gemeinsame Überlieferung). Eine sehr prägnante Form erhält diese Anschauung in den indischen Upanischaden: »Aber auch Er, Athman (Seele, Gott) hatte keine Freude, denn Er war allein. Und dann verlangte Er nach einem zweiten. Denn Er war so groß wie Mann und Frau, da sie sich vereinigen, miteinander. Da teilte sich seine Substanz in zwei Teile, aus denen das Männliche und das Weibliche entstanden. Darum ist auch der Körper eine Art ›Hälfte‹, (vgl. unsere Sohar-Stelle) So hat es nämlich Tainawalia erklärt: darum wird dieser leere Raum durch die Frau ausgefüllt.« – Die Kabbala lehrt interessanterweise gleichfalls, dass das Verlangen Gottes nach der Liebe eines Zweiten der Grund zur Weltschöpfung war. (Siehe z.B. den weiter zitierten Anhang des Buches »Ez-Chaim«) In Proverbia (30, 19) wird die Wunderkraft des Eros, »der Weg des Mannes nach dem Mädchen«, als das unerforschlichste Geheimnis aller Naturerscheinungen bezeichnet. Wie stark die erotische Idee bei den Propheten wirkte, und wie heilig sie ihnen war, ist übrigens aus den zahlreichen Gleichnissen in der Bibel ersichtlich (und ähnlich auch in der ältesten Sammlung der rabbinischen Überlieferungen, im Midrasch) wo Gott als Mann oder Bräutigam, Israel als Frau bzw. Braut dargestellt wird.

Es erübrigt sich wohl zu bemerken, dass sich im jüdischen Schrifttum neben diesen Anschauungen auch ihnen extrem entgegengesetzte puritanische Ansichten finden. Sowohl der Talmud (Nidah u.a.) und der Schulchan Aruch (Jore Deah II.) als auch insbesondere die mittelalterliche philosophische und kabbalistische Moralistenliteratur weiß die Erotik mit größter Strenge einzuschränken und zu verdrängen. Trotzdem oder gerade deshalb zerschmettern hie und da diese verdrängten Ideen alle Schranken und erscheinen in ihrer ganzen Nacktheit.

II.

DER IRRTUM DER SCHABBATIANER, IHR VERRAT AM GEHEIMNIS GOTTES UND IHR ENDE

Es war eine häufig wiederkehrende Erscheinung im Mittelalter, dass Zeitabschnitten strengster Askese Tage wilden Durchbrechens aller Moralgesetze folgten. Es war dies eine Art Protest der sich gegen Glauben und Aberglauben auflehnenden verdrängten Triebe. Selbstverständlich waren die Juden auch in dieser Hinsicht von ihren Nachbarvölkern nicht besonders unterschieden. Jedoch waren bei ihnen die Protest-Epochen viel, viel seltener, dafür aber stärker, komplizierter. Und die Grundlagen ihres Volkslebens wurden dabei so erschüttert, dass es wirklich nur als ein Wunder erscheinen muss, wenn sich doch immer die rechten Männer in ihrer Mitte gefunden haben, die dem Verderben Einhalt zu setzen, und das schon untertauchende »Schifflein« des Judentums zu retten wussten. Die schwerste und, ich möchte sagen, auch genialste dieser gefährlichen Zeiten war zweifellos die pseudomessianische Zeit der »Schabbatianer«, etwa vor dreihundert Jahren. Ihr Urheber war, vielleicht nicht ganz mit Absicht, Schabbatai Z'wi, ein spaniolischer Jude aus Smyrna. Er wurde schon in der frühesten Jugend von hervorragenden Lehrern seiner Vaterstadt in die Geheimnisse der Kabbala eingeführt. Dort »offenbarte« er sich schon in der Jugend seinen Genossen als »Maschiach« (Messias). Durch seine große Gelehrsamkeit in der »Geheimen Weisheit«, aber noch mehr durch seine außerordentliche Schönheit – »es gibt auf Erden keinen Menschen, der so schön wäre, wie er«, sagt von ihm ein Zeitgenosse, (»Sichron libh'ne Israel«, herausgegeben durch die Gesellschaft »Mekize Nirdamim«) und durch seine vornehme, ja königliche Haltung gewann er bald das Herz der schwer bedrückten Juden (besonders haben damals die polnischen Juden unter furchtbaren Metzeleien des Kosaken-Ataman Chmelnicki schwer gelitten). Dazu half ihm auch der Umstand, dass sich einige seiner Prophezeiungen ganz sonderbarerweise erfüllt haben. Mit unglaublicher Schnelligkeit ging die Kunde von seiner »Sendung« durch alle Länder, wo Juden wohnten, und brachte alle in eine seltene Begeisterung. Denn sie glaubten, dass das Ende aller Leiden schon gekommen sei. Der hebräischen Poesie erstand eine Glanzperiode. Die Gedichte und Lieder, die damals zu Ehren des falschen Befreiers Schabbatai Z'wi gesungen wurden, sind voll Anmut und Naivität, Tiefe und Kraft. Ihre Form ist einfach und voll wunderbarer Lebensfrische, wie wir es nur selten im Laufe des langen, traurigen Exils finden können. (Einige dieser Gedichte sind gleichfalls durch »Mekize Nirdamim« herausgegeben worden. Andere sind sogar in die orthodoxen Gebetbücher als Sabbatlieder aufgenommen worden.) Viele Juden verließen damals die Länder, wo ihre Väter bereits jahrhundertelang saßen, und zogen zu ihrem vermeintlichen »Maschiach«, um mit ihm gemeinsam ins gelobte Land zu gehen. In den deutschen Ländern wurden damals auf diese Weise ganze Judenstädte verlassen und blieben ohne Bewohnerschaft. Und wehe, wehe dem, der gewagt hätte, die messianische

Sendung Schabbatai Z'wis zu bezweifeln. Auch das kühle Herz der scharfsinnigen Talmudisten entbrannte, und selbst ein rationalistischer Spinoza blieb von den neuerwachenden nationalen Hoffnungen nicht unberührt. In Palästina, Afrika und Polen erstanden neue Propheten, die das Nahen der »Erlösung« verkündeten. Schabbatai Z'wi blieb nicht untätig. Er durchreist Palästina, besucht die großen spaniolischen Gemeinden Kleinasiens und der europäischen Türkei, überallhin trägt er »die gute Nachricht«. Die von seiner Erscheinung tiefbewegten Juden bereiten ihm feierliche Empfänge wie einem orientalischen König. Sie schätzten sich glücklich, seine Hände oder den Saum seines prächtigen Gewandes küssen zu dürfen. Von seinen »Ministern« umgeben empfängt er reiche Ehrengeschenke, die ihm die Judenschaften aller Länder durch eigene Boten sandten, erteilt Befehle und gebietet. Als Gattin nahm er eine von Legenden umwobene deutsche Jüdin, die sich schon seit längerer Zeit als die künftige Braut des »Maschiach« ausgegeben hatte. Wie ungeheuer sein Einfluss auf die Juden war, ersieht man aus folgender Episode:

Er ordnet an, dass der neunte Tag im Monat Abh (»Tisch'a b'abh«, an dem ja Jerusalem zweimal zerstört wurde – durch Nebukadnezar und später durch Titus) und der deshalb als der größte Trauer- und Fasttag von allen Juden gehalten wird, einer alten Prophezeiung zufolge von nun an als der Geburtstag des »Messias« in einen heiteren Festtag umgewandelt werden soll. Da erscheinen vor ihm Vertreter der Stadt Saloniki und bitten ihn, er möge doch ein Wunder tun, damit er seine Legitimität beweise; widrigenfalls könnten sie seinen Willen nicht erfüllen. Aber er antwortet ihnen: »Das Wunder, das ich machen werde, wird darin bestehen, dass ihr den neunten Abh in ein Freudenfest verwandeln werdet, ohne dass ich ein Wunder mache.« – Und so geschah es.

Und langsam nahte der große Tag, an welchem der Messias den Sultan entthronen und die Regierungs-Gewalt über Palästina selbst ergreifen sollte ... Da wurde er plötzlich von der türkischen Behörde verhaftet und interniert. Weil aber die Haft keine strenge war, übte er auch weiter aus dem Gefängnisse seine Macht über die Juden der ganzen Welt aus, die vielfach durch das »Martyrium« ihres Herrn nur noch zu größerer Anhänglichkeit angeregt wurden. Als er endlich vor den Sultan gestellt wurde, – da geschah ein »Wunder«: Der Messias nahm den Islam an. –Vielleicht ließ er sich zu diesem Schritte mehr aus Furcht um sein eigenes Leben als durch die drohende Gefahr furchtbarer Judenmetzeleien bringen. Während sich nun der Mehrheit des jüdischen Volkes entweder größte Enttäuschung, ja Verzweiflung, oder Entrüstung und Hass bemächtigten, blieben ihm seine wahren Getreuen auch weiterhin treu. Denn war es möglich, den »Messias« der Charakterschwäche oder Feigheit zu beschuldigen? Nein! Sicherlich nicht! Sicher hat Er nur heiligste Absichten gehabt. Gewiss handelte Er nach nur Ihm bekannten Geheimnissen der Kabbala. Und sie gaben sich Mühe, bis sie in der Bibel und in der rabbinischen Literatur, besonders aber in kabbalistischen Schriften (siehe »Mekize Nirdamim«!) dunkle Stellen fanden, die sie dahin auslegten, der »Maschiach« müsse vor dem Erlösungsakt die größte aller Sünden, den Glaubenswechsel, begehen. (Welch ein seelisches Opfer eine derartige Beweisführung diesen Männern bedeuten musste und welchen Grad von treuer Anhänglichkeit an ihren Herrn sie somit voraussetzt, kann nur verstehen, wer mit dem Schrecken und Abscheu eines strenggläubigen Juden vor einem Verräter des väterlichen Glaubens vertraut ist.) Die ersten, die derartige Beweise zu bringen versuchten (der »Prophet« Nathan aus Gaza z.B.), werden wohl kaum gemerkt haben, dass durch ihr Tun eigentlich noch etwas Verhängnisvolleres für die Lehre des Judentums geschah als durch die Untat Schabbatai Z'wis selbst. Es bedeutet nämlich eine Durchbrechung des Hauptprinzipes der Moral: der Erkenntnis des »Gut und Böse«. Denn kann unter Umständen das größte Böse, der Glaubenswechsel, gottgewollt sein, so muss dies auch von allen anderen Sünden gelten. Und man blieb in der Tat nicht bei der ersten »Erfindung« stehen. Ihre Schüler setzten den einmal so eingeschlagenen Weg fort, der ihren verdrängten und unbewussten tierischen Trieben die schönsten Hoffnungen erschloss.

So fanden sie z.B., dass es im Talmud (Nasir 23 a) heißt: »Großartiger ist eine Sünde um der Sünde willen als die Erfüllung eines Gesetzes nicht um seinetwillen!« Ferner haben sie den Vers Lev. 16, 16 (bezieht sich auf das Stiftszelt d.h. Gott inmitten der Unreinheiten des Israelitenlagers in der Wüste): »Der mit ihnen wohnt mitten in ihren Unreinheiten» beeinflusst durch die zugehörige Raschi--Erklärung: »Obzwar sie unrein sind, ruht Göttlichkeit unter ihnen«, dahin missdeutet, man möge sich durch Sünden verunreinigen und gerade dadurch werde man Gott an sich ziehen. In dem Verse »die Welt wird durch Liebe gebaut« (Ps. 89, 3) erklären die alten Weisen (Synhedr. 58 b) das Wort Chessed (Liebe, Gnade) in dem Sinne, den es in folgendem Vers hat: »und ein Mann, der seine Schwester nimmt und ihre Scham erblickt und sie erblickt seine Scham, das ist Blutschande« (Lev. 20, 17), da bedeutet also das Wort Chessed – Blutschande (ähnlich im Aramäischen). Woraus folgt, dass die Welt (alle Menschen) der Blutschande ihr Entstehen verdanken. (Kain, von dem mütterlicherseits alle Menschen stammen, hatte seine Schwester zur Frau). Nach der Kabbala ist das Böse die »Hefe«, aus welcher der »Wein« des Guten entsteht. »Hätten die Israeliten nicht gesündigt, so hätten sie bloß das Pentateuch und das Buch Josua erhalten« (Nedarim 22 b). Die Tat der Schwiegertochter Judas, Tamar, wird im »Sohar« (Wajeschebb) als eine »Öffnung der Augen« für den Studierenden dargestellt u.a.

Die Folgen der verhängnisvollen Tat Schabbatai Z'wis waren also furchtbare. Die chabbatianer, welche auch meistens offiziell den slam angenommen hatten, verließen in der Tat alle Schranken der Sittlichkeit und entfernten ich also (besonders nach dem Tode Schabbatai Z'wis i. J. 1627 in Albanien, wohin er vom Sultan verbannt ward, da er seine politischen Träume auch nach der Annahme des Islam nicht aufgeben wollte) vollständig von den sittenstrengen Satzungen des Judentums. Von allen Geboten behielten sie nur die Beschneidung und von der Heiligen Schrift nur das »Hohelied« bei. In Höhlen in der Nähe Salonikis veranstalteten sie zu »religiösen« Zwecken wildeste Orgien. Am Eingange des Sabbaths stellten sie eine nackte Jungfrau in die Mitte und tanzten, gleichfalls nackt, um sie herum. Die Stelle der Gebete nahmen Orgien ein. Ähnliche Gebräuche haben sich bald beinahe durch alle jüdische Gemeinden der Welt verbreitet. Überall sind Schabbatianische Sekten entstanden, zu denen sich auch einige große Gelehrte und viele angesehene Männer bekannten. »Sie zeichneten sich neben einigen sonderbaren Gepflogenheiten vor allem dadurch aus, dass ihnen die Frau als Gottheit galt und verbotene Formen des Geschlechtslebens als Gottesdienst.« Im allgemeinen näherten sie sich merkwürdigerweise der alten Gnosis, da sie ihren »Messias« als verkörperten Gott und seine Gemahlin, bzw. seine Tochter, als die Verkörperung der »Herrlichkeit Gottes« (Schechinah) bzw. »des Glaubens« (Emunah) anbeteten. Natürlich wurden sie durch die Rabbinern aufs schärfste verfolgt. Diese unterließen keine Mittel, um der gefährlichen Bewegung entgegenzutreten. Bann, Anzeigen bei den Behörden usw. waren an der Tagesordnung. Trotzdem gelang es ihnen doch zweihundert Jahre lang nicht, die Sekte auszurotten.

In der Türkei gibt es ihre Überreste bis zum heutigen Tage. Sie werden dort »Dönmeh«, Verräter, genannt.

In ein vollständiges System wurde die Schabbatianische Lehre durch einen der letzten »Messiasse« namens Jakob Frank (1726 - 1816) gebracht. Sein romantisches Leben sei hier kurz wiedergegeben: Er wurde in Polen geboren. Sein Vater war Rabbiner, der junge Jakob jedoch hasste alles Studium und erreichte daher nur geringe Kenntnisse in der rabbinischen Gelehrsamkeit. Dafür zeichnete er sich schon in der frühesten Knabenzeit durch seine wilde Ausgelassenheit aus und pflegte sich seiner oft recht komischen jugendlichen Bravuren und Bosheiten auch im späteren Alter gerne zu rühmen. Ebenso pflegte er sich zu rühmen, er habe bereits als Kind an den Dogmen des jüdischen Glaubens gezweifelt. Von seinem Vater spricht er als von einem zornigen, lieblosen Manne, dafür rühmt er die Güte und Freigebigkeit seiner Mutter und seiner Großmutter. Noch als Knabe wanderte er in die Türkei aus und verbrachte längere Zeit in Smyrna und in Saloniki. Erst da erwachte in ihm ein Interesse für die Kabbala und er begann sich eifrig mit ihrem Studium zu beschäftigen. Er machte mit den dortigen Schabbatianern Bekanntschaft und bald fiel ihm ein, Schabbatia Z'wis Beispiel zu folgen. Einst fragte er seine Lehrer: »Warum ist der ›Erste‹ (Schabbatai Z'wi) gestorben?« »Er kam, um den Geschmack aller Dinge zu kosten, darum wollte er auch den Geschmack des Todes kennen lernen«, antworteten sie. »Wenn dies richtig ist«, fragte sie weiter Jakob Frank, »warum hat er dann nicht auch den Geschmack des Regierens gekostet?« Das Verlangen nach Herrschaft über die Juden ist seit damals ein Leitfaden aller listigen Taten dieses harten, böswilligen Mannes. Er scheut keine Grausamkeit um seiner Herrschsucht willen, ja er gibt sich dazu her, unschuldige Juden durch falsche Anzeigen den Inquisitionsqualen und dem Tode zu weihen. Er verlässt die Türkei und reist nach Polen, wo gerade ein »Messias«-Thron zu besetzen war ... Um sich dort vor den Verfolgungen der Juden mittels des türkischen Konsuls zu schützen, nimmt er, dem Beispiel des »Ersten« folgend, äußerlich den Islam an, später aber tritt er samt allen seinen zahlreichen Anhängern zum Katholizismus über, welcher ihm vor allem wegen der Verehrung der Heiligen Jungfrau von allen Religionen am besten gefiel. Da es jedoch bald verraten wurde, dass seine katholische Frömmigkeit nur ein Vorwand sei, und dass er den Polen gefährliche politische Pläne schmiede, wurde er verhaftet und in der Czenstochauer Festung interniert, wo er dreizehn Jahre verbrachte. Seine Haft war wohl sehr mild, denn er konnte dort ungehindert seine Orgien veranstalten und seine Lehre der Welt verkünden. Durch den Zusammenbruch Polens wurde er befreit und übersiedelte mit Frau und Tochter nach Brünn, wo er eine jüdische Armee organisierte, um den Juden eine Heimstätte zu erobern. Noch heute sind einige Familien in Böhmen im Besitze von Schwertern als Andenken an jene großen Tage. Die Armee wurde aber überflüssig, da es ihm gelang, bei Offenbach ein Adelsgut zu kaufen, wo er auch endlich sein Ziel, ein Herrscher zu werden, erreichte: Er starb als Baron von Offenbach und die damalige deutsche Presse brachte eine genaue Schilderung seines pompösen Begräbnisses. Er trat immer wie ein König auf und zeigte gerne seinen Reichtum, aber unter seinen Anhängern hielt er eine kommunistische Ordnung, ja auch eine Art Sozialisierung der Frauen versuchte er einzuführen, was ihm aber misslungen ist. Seinen freien Umgang mit Frauen, der keine Schranken kannte, wollen wir hier nicht schildern; er wird aber durch die im folgenden angeführten Aussprüche Franks (zitiert nach Alexander Kraushaars hebr. Ausgabe »Frank w'adatho«) genügend beleuchtet. Ebenso seine fast ganz moderne Anschauung über das Judentum und die Frau. (Erscheinen nicht einige seiner Ideen wie eine Antizipation – Wedekinds?)

»Ihr wisset wohl, dass der Arzt nicht kommt, um Gesunde zu heilen, sondern Kranke. So bin auch ich gekommen, um Kranke zu heilen; es sind dies jene, die Zweifel haben in ihrem Glauben, jene, welche beinahe ohne Gottheit geblieben sind. Ich kam zu ihnen mit der Guten Nachricht, dass es einen wahren Gott gibt auf der Welt und ich werde ihn euch zeigen.«

»Ihr habet nie verstanden, wenn ich zu euch sagte: Ich werde euch Gott zeigen. Denn vorerst müsset ihr die Jungfrau schauen, da diese ein Tor zu Gott ist, durch welches man zu Gott eingeht.«

»Wäret ihr wert, nach dieser Jungfrau zu greifen, auf welcher die Kraft der ganzen Welt beruht, so wäret ihr imstande gewesen, zur Tat zu gelangen; ihr seid aber nicht würdig, nach ihr zu greifen.«

»Das wahre Göttliche wuchs in mir auf wie eine Perle, die von selbst wächst, es gibt aber keinen Menschen, dem ich die Wahrheit enthüllen könnte.«

»Es gibt ein Kraut, das nur schweigend gepfückt werden darf.« (Vgl. Sohar II, 80 a) »Jeder, der das Glück hat, sie (Franks schöne Tochter Eva) in ihrer ganzen Schönheit zu sehen, – hat einen Anteil am jenseitigen Leben. Denn sie ist das Jenseits selbst.«

»Durch diese Tat (ein orgienähnliches Mysterium) nähern wir uns dem Dinge, das ganz nackt ist, ohne Gewand, und so müssen wir dazu schreiten.« »Ihr seid noch nicht zur Erkenntnis gelangt, denn die Erkenntnis ist verborgen ... Wäret ihr zur Erkenntnis gelangt, so wäret ihr weder der Sünde noch der Krankheit, dem Tode oder sonst einen Unglücke ausgesetzt. Und der Mensch muss das Joch aller Gesetze und Religionen und aller schlechten Gewohnheiten von sich abwerfen und muss auf einer viel höheren Stufe stehen als die übrigen Menschen. Ich habe das bei euch aber nicht gefunden.«

»Jetzt werden Dinge offenbar, welche seit den Tagen der Schöpfung nicht enthüllt wurden, und verborgene, geheime Welten werden sichtbar. Wir werden der Gnade teilhaft, sie (das Mädchen) zu erblicken und unter ihren Fittichen Schutz zu finden. Und sie wird uns Tag für Tag immer schöner und schöner erscheinen und jedermann wird ihre Schönheit je nach seiner ›Stufe‹ schauen, und je mehr Verdienste er hat, desto schöner wird er sie sehen, denn es gibt viele, viele Begriffe der Schönheit.«

»Alles, worum die Patriarchen gedient haben, war nur, um sich ihr zu nähern, auf der die ganze Welt beruht. Und sie schützt vor allem Bösen. Und auch keine Waffen helfen dem Menschen, wenn sie nicht hilft.«

»Es gibt kein so entartetes Volk auf Erden wie die Juden. Ihr Aussehen ist wie das der Schlangen und Drachen, es gibt keine Liebe, keine Brüderlichkeit, keinen Frieden unter ihnen; nur Neid und Hass und Konkurrenz. Ich will euch hinausführen aus ihrer Mitte, damit ihr nicht von ihren Taten lernet.«

»Ich sage euch, dass alle Juden jetzt im großen Unglück sind, weil sie das Kommen des Erlösers erwarten und nicht das Kommen des Mädchens. Blicket auf die Völker, wie sie friedlich in ihren Ländern sitzen, denn sie vertrauen auf ihr Mädchen, die ja ein bloßes Abbild unseres Mädchens ist. Dieses Mädchen hat unter seiner Macht viele Mädchen und alle empfangen die Kraft von ihm und wenn sie sie verlässt, da sind sie machtlos. Jeder, dem es gegönnt ist, ihr Gewand zu erblicken, wird der Gnade des jenseitigen Lebens teilhaft. Größer ist aber, wem es gegönnt war, sie selbst zu erblicken, der braucht sich vor nichts Schlechtem auf der Welt zu fürchten. Wenn ihr vor sie kommt und sie euch fragt: was ist euer Wille? Saget zu ihr: Bis daher haben wir Gott gedient, jetzt, bitte, erleuchte du meinen Weg! Und sie wird sagen: Kommet her! Und da werdet ihr euch ihr nähern und ihre Füße küssen ...«

»Alles bisherige geschah nur, damit sich der Samen der Juden erhält und damit der Name

Israel nicht vergessen werde. Jetzt braucht man aber weder Gesetze noch Gebete, sondern es ist nur nötig, zu gehorchen und zu gehen, bis wir zu einem geheimen Orte gelangen.«

»Wenn ihr auch mit eigenen Augen sehen werdet, dass dies etwas Schlechtes ist nach eurem Verstande – wehe euch, zu fragen oder zu prüfen, denn meine Gedanken sind nicht eure Gedanken Qes. 55, 8). Es ist ein neuer Weg, den noch kein Mensch seit der Weltschöpfung gegangen ist.«

»Ich sage euch: obzwar ihr viel gelesen habet in der Tora, habet ihr die göttlichen Worte nur durch krumme Erklärungen verdreht. Die Worte der Tora sind voll Wahrheit, ihr habet aber keinen einzigen Buchstaben verstanden.«

»Es steht in alten Schriften, dass es eine verborgene Insel gibt im Meere. Und an ihr steht ein großes Schiff verankert, gefüllt mit Waffen. Und auf der Insel wohnen der Kabbala kundige, gottesfürchtige Juden und jeden Monat fahren sie in Kähnen zu dem Schiffe, um zu fragen und zu prüfen, ob schon die Zeit gekommen ist, da alle Seiten der Erde in Krieg ziehen werden. Auf jener Insel ist ein hoher

Berg und auf dem Berge ein goldener Stamm. Es wird ein fremder Mann kommen und wird an das Schiff klopfen – und dann wird die Stunde kommen, den Krieg zu beginnen.«

»Ich sage euch: wenn auch alle Könige der Völker zu mir kämen – ist dies nichts wert in meinen Augen. Mein Wille ist, dass die Juden zu mir kommen. – Es wird kommen die Zeit, da die Juden in großer Menge kommen werden. Jede Reihe des Lagers wird nicht weniger als zehntausend Mann zählen, jede Legion wird ihre Fahne tragen.«

»Es wird ein Tag kommen, da ein Mensch eine Sache in der Hand halten wird und wird in schöne Gewänder gekleidet sein, jener Sache entsprechend. Und auch ihr werdet gekleidet sein, aber nicht so wie jener Mensch. Nur einem unter Tausend wird es gegönnt sein, die Sache zu schauen. Die Völker werden sie nicht sehen, aber alle Könige der Welt werden sich vor ihr bücken. Wo diese Sache stehen bleiben wird, dort werden alle stehen bleiben und wo sie gehen wird, dort werden alle gehen. Denn durch diese Sache werden wir zu jenem Orte gelangen, den wir brauchen. Und die Sache wird nicht im

Hause sein, sondern auf dem Felde. Bis wir dorthin geraten, wohin wir gehen: dann werden sich alle Könige bücken und niederknien und werden sagen: wir beugen uns vor eurem Könige, vor dem Messias!«

Der größte Irrtum des Schabbatianismus kann nun etwa so formuliert werden: Er meint etwa, dass die von uns erörterte Sohar-Stelle über den geschlechtlichen Akt des Mannes und der Frau tatsächlich den einzigen Kern der Tora darstellt. Der Schabbatianismus übersieht eine zweite schicksalbestimmende Richtung, welche in dem von uns an erster Stelle angeführten Zitat aus dem »Sohar« ihren Ausdruck findet. Verschlossen blieb den Schabbatianern das später von Rabbi Israel aus Rizsin enthüllte Geheimnis: dass wohl in den reinen »oberen Welten«, in den »S'phiroth«, die verbotenen geschlechtlichen Vereinigungen gottgefällig sind (z.B. vereinigt sich die S'phirah »Schwester« mit der S'phirah »Bruder«, »Tochter« mit »Vater«, »zwei untrennbare Freunde« u. dgl. m.) aber unsere niedrige, trübe, materielle Welt erträgt derartige Vereinigungen nicht. Die Begründer des Schabbatianismus scheinen ferner ganz übersehen zu haben, was der Sohar auf die Frage antwortet, wieso sich der Patriarch Jakob erlauben durfte, zwei Schwestern zu heiraten, was doch streng verboten ist: »Jakob, der vollkommen war, brachte Liebe zwischen beide Welten (die eine Welt: ›Lea‹, die andere ›Rachel‹ genannt); andere Männer, die es tun (zwei Schwestern heiraten), verursachen Feindseligkeit zwischen zwei Welten, verursachen Trennung ... dies ist das Geheimnis der Blutschande.« (Sohar II, 126 b).

Die »falschen Messiasse« und ihre Anhänger waren so hochmütig, sich für vollkommen zu halten, und glaubten daher berechtigt zu sein, frei Unzucht zu treiben. Wie später Baal-Schem tiefsinnig erkannte: »Schabbatai Z'wi hat eine heilige Seele gehabt, aber sein Hochmut brachte ihn zu Falle.« Da die schabbatianische Bewegung trotz des heftigen Widerstandes der Rabbinern immer breitere Kreise des Judentums ergriff und schließlich ähnlich wie die Mendelsohnsche Aufklärung in Deutschland in das Meer des Christentums oder des Islams zu münden drohte, hätte das Judentum wohl kaum ihrem Ansturme trotzen können, wäre ihm nicht eine Hilfe durch die Persönlichkeit Baal-Schems, des genialen Begründers des Chassidismus erstanden. Wir werden uns mit seiner wirkungsvollen »Einrichtung« im folgenden zu beschäftigen haben. Vorerst müssen wir aber endlich die noch dunkle Sohar-Stelle (II, 152 a), soweit es für den Rahmen dieses Buches nötig ist, erklären.

III.

DIE ERKLÄRUNG DES SOHAR-AUSSPRUCHES ÜBER DEN »HEILIGEN ALTEN«

Das von uns an erster Stelle angeführte Zitat aus dem »Sohar« lehrt, dass die Tora eine »Seele« und eine »Seele der Seele« besitze. Die »Seele« ist danach mit der »Schönheit Israels«, die »Seele der Seele« mit dem »Heiligen Alten« identisch. Jeder Kabbalist weiß wohl, was diese beiden Begriffe bedeuten: Der »Heilige Alte« ist die Idee der »Höchsten Krone von der Seite der Weisheit« im »Langgesichtigen«. (»Ez Chajim« Schaar 13) und die »Schönheit Israels« (entnommen dem Bibelverse Th. 2, 1) ist die obere Hälfte des Begriffes »Schönheit-Mann« (»Ez Chajim« Schaar 23). Wir werden später diese kabbalistischen Begriffe ein wenig näher kennen lernen. Vorläufig wollen wir aber in die eigentliche Bedeutung dieser Sohar-Stelle eindringen. (Die Geheimnisse der Kabbala sind ja nach der Ansicht der Chassidim nur »Gewänder« noch tieferer Geheimnisse.) Und zwar wenden wir da dieselbe Methode an, die auch der Sohar selbst anwendet, um den geheimen Sinn der Tora zu enthüllen: ein Wort ganz wörtlich, von seiner übertragenen Bedeutung abgesehen, herauszugreifen und dann den ganzen Text durch den einfachen Sinn jenes Wortes – den es in Wirklichkeit dort nicht hat – zu beleuchten. (Siehe z.B. über Tamar Sohar I, oder die Stelle aus Sohar II, 99 a)

Die Richtung unserer Untersuchung ist allerdings der im Sohar üblichen ganz entgegengesetzt. Denn erhebt sich z.B. der Sohar (II, 99 a) auf diesem Wege aus dem einfachen Sinne der Sklavengesetze zu den metaphysischen Höhen der Seelenwelt empor, so werden wir im Gegenteil auf demselben Wege aus den abstrakten Begriffen des Sohar in die tiefsten Tiefen unser materiellen »Welt des Handelns« niedersinken.

Wir werden also sagen: Der mystische »Attiqa Qaddischa«, »der Heilige Alte«, wie man gewöhnlich zu übersetzen pflegt, ist die innerste Seele der Tora, d.h. die geheiligte Persönlichkeit des Greises ist der eigentliche Inhalt der ganzen Lehre des Judentums. – Nun hat aber das Wort Attiqa (das a am Ende hat im Aramäischen etwa die Rolle wie der bestimmte männliche Artikel »der« im Deutschen) eigentlich nur in übertragenem Sinne die Bedeutung alt, Greis (Chr. 4, 22), es heißt nämlich ursprünglich entrückt, abgesetzt, Attiq Jomin bedeutet (Dn. 7, 9) wörtlich: entrückt den Tagen (gewöhnlich übersetzt »der Alte der Tage«). Es heißt ferner auch stattlich, prächtig (Jes. 23, 18) (ähnlich auch im Arabischen). Ebenso bezeichnet ein anderes hebr. Wort für alt: »Saqen« zugleich auch die Weisen, die Vornehmen, die Ältesten des Volkes (analog wie das arabische scheich). So erzählt z.B. der Talmud, dass Rabbi Jehoschua, obzwar er erst 12 Jahre alt war, als Vorsitzender des Richter--Synhedrions gewählt wurde. Die Richter werden aber Seqenim, die Ältesten genannt. Ähnlich ist nach dem Talmud Saqen, »wer Weisheit erwarb« (Kiduschin 38). Interessant ist der Zufall, dass auch in den europäischen Sprachen, die von den Juden am meisten gesprochen werden, der Begriff alt durch weise, vornehm, würdig verdrängt wird: Im ostjüdischen Idiom wird z.B. ein Offizier, ob alt und jung, »der eltster« genannt. Vielleicht nach dem slawischen starsi. Im Spanischen bezeichnen die Wörter cano und viejo alt und zugleich auch klug, ein anderer Ausdruck für alt: anciano bedeutet auch einen Würdenträger. (Nach Ansicht vieler Gelehrter ist das Buch »Sohar« in Spanien verfasst worden. Einige Gelehrte wie z.B. Rabbi Jakob Emden aus Altona glaubten auch tatsächlich gewisse sprachliche Beeinflussung durch das Spanische darin zu finden!) – Wir würden also nicht irren, wenn wir an Stelle der Persönlichkeit des Greises die eines vornehmen, prächtigen, weisen Mannes setzen. Wer dieser Mann eigentlich ist, werden wir bald erraten, wenn wir das Geheimnis der »Seele« der Lehre, die »Schönheit Israels« (Tiph'ereth Israel) lüften werden. Die Kabbala hat den zwei hebräischen Bezeichnungen für Schönheit oder Pracht Tiph'ereth und Jophi zwei verschiedene Rollen zugewiesen, indem sie die Schönheit-Tiph'ereth dem »Jung--Männlichen«, (Sair, Duchra) die Schönheit--Jophi dem »Weiblichen« zuschreibt. (Das

»Männliche«, Duchra, ist nämlich direkt die S'phirah, »Tiph'ereth«, die auch »Ben«, Sohn im Gegensatze zu den höheren S'phiroth Aba-Vater und Ima-Mutter genannt wird. Das »Weibliche«, Nuqba, ist die S'phirah Malchuth). Man würde freilich das gerade Gegenteil erwartet haben, da doch Tiph'ereth grammatikalisch ein Femininum, Jophi ein Maskulinum ist, aber die Kabbala hat diese Art der Teilung höchstwahrscheinlich aus dem Grunde vorgenommen, weil schon der Talmud (Toanith 31a) sagt: »Die Frau ist nur um der Schönheit willen vorhanden«, wobei das männliche Wort Jophi angewendet wird, während es andererseits heißt (Prov. 20, 29), dass die »Schönheit« der Jünglinge ihre Kraft ist, wobei dem Jünglinge das weibliche Tiph'ereth zugesprochen wird. – Also: die »Seele« der Lehre ist die Schönheit der Jünglinge Israels, »die Seele der Seele« ist wohl die geheiligte Persönlichkeit des vornehmen, weisen, prächtigen, bzw. auch älteren Mannes, mit einem Worte – des Lehrers. Wie innig und heilig das Verhältnis zwischen dem Lehrer und dem Schüler seit jeher im jüdischen Volke war, wird uns das kommende Kapitel zeigen; hier sei nur noch die Ansicht des Rabbi Schniur Salman aus Ladi erwähnt: Der Unterricht, welchen der Lehrer dem Schüler erteilt, ist ähnlicher Natur wie die Vereinigung des Mannes mit der Frau. (Siehe seinen Sidur, gedr. in Warschau) Wir sehen also, dass der eben erschlossene Sohar-Text in keinem inneren Widerspruche mit der zweiten Sohar-Stelle steht, denn in beiden Fällen wird die Vereinigung zweier Liebenden als der Urgrund der ganzen Lehre des Judentums angegeben, ob es sich nun um Liebende beiderlei Geschlechtes oder um solche des männlichen Geschlechtes allein handelt. Wir verstehen nun auch, warum dort der »Sohar« sagt: Der Himmel und seine Heerscharen sind das Gewand; Israels Gemeinschaft ist der Körper, die Bedeutung des Körpers liegt aber in der Seele, – in der Gestalt der geliebten Person. Es ist der Eros, der da sprach. Für ihn hat das Volkstum, das Universum nur durch die geliebte Person Bedeutung.

IV.

DIE MÄNNERLIEBE

Aus vielen Agadastellen der talmudischen Zeit lässt sich erschließen, wie angesehen die Freundschaft und das liebevolle Verhältnis der Lehrer und der Schüler bei den Juden im Altertum waren – Aussprüche: Die Liebe, welche von etwas abhängt, hört auf, sobald ihre Ursache aufhört; die Liebe, welche von nichts abhängt, hört ewig nicht auf. Welches ist die Liebe, die von etwas abhängt? Es ist die Liebe Ammons und Tamars. (Siehe Sam. II, 13) Und welches ist die Liebe, die von nichts abhängt? Es ist die Liebe Davids und Jonathans. (Siehe z.B. Sam. I, 20!) (Pirke Abhoth.) Es sei dir deiner Schüler Ehre wie deine eigene Ehre, die Ehre deiner Freunde wie die deiner Lehrer, und die Ehre deiner Lehrer wie die Ehrfurcht vor dem Himmel. (Dortselbst.) Rabbi Papa sagte: Steige eine Stufe niedriger und wähle dir ein Weib, steige eine Stufe höher und wähle dir einen Freund. (Jebhamoth 63.) Wer das Antlitz seines Freundes empfängt (sieht), für den ist es so, als ob er das Antlitz von Gottes Herrlichkeit empfangen würde. (Jerus. Erubin 5.) Wer an einer Mahlzeit der Weisen teilnimmt, für den ist es so, als ob er vom Glänze der Herrlichkeit Gottes genießen würde. (B'rachoth 64.) Ferner das schlichte talmudische Sprichwort: Freundschaft oder Tod! (Taanith 23) (d.h.: entweder will ich Freunde haben oder sterben). Die körperliche Schönheit des Mannes wird wunderbar idealisiert. Wenn Rabbi Jehudah bar Hai am Eingang des Sabbath aus dem heiligen Bade kam und weiße Gewänder trug, da – erzählt der Talmud – war er »einem Engel Gottes der Heerscharen« ähnlich. (Schabbath 25 b.) Als der schönste Mann galt aber allgemein Rabbi Jochanan. Als er einst seinen erkrankten Freund Rabbi Eleasar besuchte und sah, dass dieser in einem dunklen Hause wohnte, da enthüllte er seinen eigenen Arm – und es ward Licht. (B'rachoth 5 b.) »Die Lichtstrahlen, welche ein glühendes Silbergefäß aussendet, wenn es aus dem Schmelzofen getragen wird – haben etwas von der Schönheit Rabbi Jochanans an sich.« (Baba Mezia 84 a) Er selbst sagte von sich: »Ich bin von den Schönen Jerusalems übriggeblieben« (er lebte etwa 100 Jahre nach der Zerstörung Jerusalems), und sein Wunsch war, dass alle Knaben, die geboren würden, so schön seien wie er. Auch seine sexuelle Schönheit wird dort durch die orientalische Fantasie der Agadah sonderbar hyperbolisiert. Die antike Unschuld dieser Talmud-Stelle hat jedoch die Keuschheit des mittelalterlichen Kommentators (Tossaphot dort) zu der etwas verlegenen Bemerkung veranlasst, diese Worte seien im Talmud nur deshalb gebracht worden, damit man wisse, dass so etwas nicht gesprochen werden soll ...

Eines Tages – erzählt ferner die Agadah – schwamm der junge Rabbi Jochanan im Jordan, da sah ihn der noch jüngere Resch Lakisch (der damals noch ein Räuberhäuptling war) und sprang mit großer Kraft hinter ihm hinein. »Deine Kraft für die Tora!« sagte Rabbi Jochanan. »Deine Schönheit für Frauen!« erwiderte Resch Lakisch. Da sprach Rabbi Jochanan zu ihm: »Wenn du Umkehr tust, so gebe ich dir meine Schwester zur Frau, die noch schöner ist als ich«. Er nahm dies an, und der

Rabbi lehrte ihn dann die Bibel und die Mischnah und machte ihn zu einem »großen Manne«. Sie sind dann für immer Freunde geblieben und führten oft gelehrte Gespräche miteinander. Als »Resch Lakischs Seele zur Ruhe kam«, hat Rabbi Jochanan ob dieses Verlustes sehr gelitten. Da wählten seine Freunde den weisesten unter ihnen aus und schickten ihn zum Rabbi Jochanan, damit er ihn tröste; er wies ihn aber barsch ab, indem er ihm sagte, wie er sich anmaßen könne, seinen toten Freund ihm ersetzen zu wollen. Er weinte, zerriss sein Kleid (sonst ein Zeichen der Trauer beim Ableben der Eltern, Geschwister, Kinder und Gatten) und rief: »Wo bist du, o Sohn Lakischs, wo bist du, o Sohn Lakischs« und schrie, bis ihn das Bewusstsein verließ. Da flehten die Rabbiner um Gnade für ihn und er beruhigte sich. (Baba Mezia dort.) Aus tiefem Schmerz besuchte er dann noch dreieinhalb Jahre nicht »das Haus der Versammlung«. (Jerus. M'gilah.) – Beachtenswert ist die innige Freundschaft, welche den Patriarchen R. Jehuda, »den Fürsten« mit einem römischen Kaiser (Mark Aurel?) verband. Die Agadah (Abhodah

Sarah 10 b) erzählt u.a., dass der Kaiser dem R. Jehuda viele Besuche machte, wobei niemand anwesend sein durfte. Als der Rabbi zu Bette ging, soll sich der Kaiser gebückt haben, damit er auf dessen Rücken hinaufsteige; er sagte: »O möge ich ein Bettgewand unter dir in der künftigen Welt sein!« Die Sklaven, die den Kaiser begleiteten, tötete dieser mit eigener Hand, damit sie das Geheimnis dieser Besuche nicht verrieten. – Die Freundschaft, die es unter den jüdischen Sektierern, den Essener gab, ist mehrmals geschildert worden. Hier sei nur darauf hingewiesen, dass unter ihnen eine rein kommunistische Ordnung herrschte und dass sie ohne Frauen lebten. (Diese Sekte ist noch im Altertum ausgestorben.)

Die Martyrien des Mittelalters haben die Freundschaftsverhältnisse unter den Juden nicht gemindert, eher noch vertieft und häufiger gemacht.

Der geniale Dichter Rabbi Jehuda ha-Lewi (starb 1140) singt die schönsten unter seinen süßen Ghazzelen an seine zahlreichen Freunde. (Siehe den I. Band seiner Gedichte, herausgegeben von Dr. H. Brody) Der Hohepriester, welcher wie der Talmud sagt »durch seine Weisheit, Schönheit und Kraft alle seine Brüder, die Aharoniden, überragen sollte«, wird von einem unbekannten mittelalterlichen Poeten mit folgenden Versen verherrlicht:

»Wahrlich, wie prachtvoll war der Hohepriester, da er im Frieden aus dem Heiligtum ging!
Wie das Zelt der in den (himmlischen) Höhen Wohnenden
– war das Antlitz des Priesters,
Wie die Blitze, die aus dem Glänze der vier Tiere am Gotteswagen sprühen
– war das Antlitz des Priesters,
Wie das Erscheinen des Regenbogens in den Wolken
– war das Antlitz des Priesters,
Wie die Schönheit, mit der der Schöpfer Seine Geschöpfe kleidet – war das Antlitz des Priesters, Wie eine Rose mitten im blühenden Garten
– war das Antlitz des Priesters,
Wie ein Glanz der Liebe im Angesichte des Bräutigams
– war das Antlitz des Priesters,
Wie die Reinheit, gekrönt mit der Tiara der

Reinheit
– war das Antlitz des Priesters,
Wie ein Lichtstern im fernen Osten
– war das Antlitz des Priesters.«

Ähnlich besang 300 Jahre vor der Zerstörung Jerusalems ein dortiger Dichter namens Simon ben Sira den Hohepriester Simon ben Jochanan:

»Wie ein Stern aus den Wolken leuchtend
– und wie der Vollmond am Wallfahrtsfeste,
Wie die Sonne die Königsburg erstrahlen lässt
– und wie ein Regenbogen am Himmel erscheint,
Wie eine Blüte am Zweige an den Feiertagen
– und wie eine Lilie an Wasserbächen.«

R. Schelomoh ben Reuben Bonfid (Spanien, 5140–5210) schreibt, »an einen Geliebten und Freund, der in die Ferne zog und nach dem seine Sehnsucht groß ist«, folgenden Ghazzel:

»Säume noch ein wenig, o Morgenröte,
säume noch ein wenig in meiner dunkeln Nacht,
Säume und gehe nicht auf,

zu erleuchten das Gebirge meiner Nacht!
Denn siehe, mit der Erscheinung meines Geliebten verweile ich im Traume,
säume, auf dass dein Licht
meine Wimpern nicht wecke!
Auf dass dein Licht dem Rande
meines Lagers nicht nahe,
denn nur mit Finsternis unserer Trennung
würde es meine Gedanken füllen.
Ich schaue in meiner Phantasie meinen Freund,
die Leuchte meiner Seele,
einen großen Meister in den Palästen der Weisheit,
Wem außer Dir, o Freund, ziemt Preis!
Deine Schönheit preist Dich,
Deine Schönheit – nicht mein Mund.
Deine Schönheit und Lieblichkeit
– die Glorie Deines Lobes.
Die Krone Deiner Erhabenheit
flochten die Gestirne meiner Nächte,
Deine majestätische Gestalt erscheint meinem Herzen
wie die der Königssöhne an Kraft und Pracht.
Wie sonderbar, o Freund, dass ich ohne Dich
leben kann, hat mich doch Deine Gunst

mit dem Lebenshauche erfüllt.
Oder wie ist es möglich, dass mein Herz,
dem Dornbusche gleich,
brennt im Feuer der Trennung
– brennt und doch nicht vergeht
in der Flammen Glut!
Nur Deiner Freundschaft Tau erhält mich
am Leben, die Blätter deiner Liebe sind Nahrung mir und Speise.
Schicke mir, o Geliebter,
Deine Verse, damit ich den Saum
Deiner Herrlichkeit sehe!
Und sieh – in meinem Liede
all meine Kraft und Macht« ...

Hier ein Beispiel, wie ein jüdischer Schüler Joseph ben Mordechai über seinen Meister, den litauischen Karäer[4] Jizchak ben Abraham, den Verfasser der großen jüdischen Verteidigungsschrift gegen das Christentum »Chisuk Emunah« spricht: (Das Werk, »Ch. E.« hat später auch Voltaire als Stützpunkt zu seiner Aufklärungsarbeit benützt.) »Und mir, seinem Knechte und Schüler, rief der Hochverehrte. Er legte seine Hand auf mein Haupt und segnete mich.

Und er sprach: O, mein Geliebter, mein Sohn, den ich wie mein Auge liebte. Meine Tage nahen sich dem Tode ... Gedenke, o mein Sohn, meiner großen Liebe, mit der ich dich liebte, und merke dir, was ich dir zeigte und dich unterwies! Und als mein geliebter Freund mit mir zu reden aufhörte, da ging er von mir weg, meine Pracht, und wich von mir, mein Ruhm. Und es verschied, es starb Jizchak und schloss sich seinem Volke an dorthin, wo er am Anfang sein Zelt hatte. Und als mein Herr in der Flamme der Lehre und der guten Taten in den Himmel stieg[5], fiel ich zu Boden, breitete meine Hände aus und schrie bitter: O, gebrochen ist der Stab der Kraft und der Herrlichkeit! und saß wie mit gebrochenen Hüften, bitter weinend. Dann stand ich von meiner großen Trauer auf, um auszuführen, was mir mein Herr befahl. Ich nahm das Buch, das mein Herr verfasst hatte usw.« (Aus der Vorrede zu »Ch. E.«)

Die Stadt Safed wird gegen Ende des 15. Jahrhunderts zu einer Metropole der Kabbala und die Kabbalisten der ganzen Welt strömten hin. Sie alle verbanden sich dort durch intimste

Freundschaft. Besonders wurde in dieser Hinsicht der Kabbalistenkreis bekannt, der sich um den großen Meister der Kabbala R. Izchak Lurja Aschkenasi gesammelt hat. (Die Lehren dieses Wundermannes hat sein Schüler R. Chajim Vital in dem bereits angeführten Buche »Ez Chajim«, der Lebensbaum, in »Pri Ez Chajim«, des Lebensbaumes Frucht und in »Sch'mona Sch'arim« schriftlich niedergelegt. Diese Werke kommen fast nur in Handschriften vor und werden darum »Krhabhim«, d.h. »Schriften« schlechthin, genannt.) Dieser Kreis ist unter dem Namen »Gure Ari«, d.h. »die Jungen des Löwen« für alle Zeiten berühmt geworden. (Die Bezeichnung Ari, Löwe für den Meister ist gleichzeitig die Abbreviatur seines Namens Aschkenasi R. Jizchak.) Auch der bereits zitierte R. Eliahu di Vidas gehörte diesem Kreise an. Analog dem, was er von der Liebe zur Frau als einer Vorstufe zur Gottesliebe sagt, spricht er auch von der Liebe zum Freunde. Bezeichnend ist, dass nach einem seiner Aussprüche bei dem plötzlichen Verlieben in einen Freund, das er als häufig bezeichnet, nicht so sehr dessen Seele als vielmehr sein

Aussehen die Ursache ist. (Reschith Chochmah Schaar Ahabhah.)

In diese Zeit fällt auch das tragische und ergreifende Liebesdrama Schelomo Molchos und David Reubenis. (Der letztere spielt dabei wohl die sehr traurige Rolle eines Pseudo-Messias.) Schelomo Molcho, dessen Eltern bereits getauft waren und der darum keine jüdische Erziehung genoss, war beim ersten Begegnen mit David Reubeni durch dessen Erscheinung tief erschüttert. Er hatte Visionen, in deren Mittelpunkte David Reubeni stand, und eilt, ihm seine Gefühle stürmisch zu erzählen. Das kühle Verhalten David Reubenis hält er für eine Folge dessen, dass er unbeschnitten ist, und nimmt darum die schmerzhafte Operation mit eigenen Händen an sich vor, ohne die schreckliche Gefahr zu fürchten, die ihm dabei von den grausamen Henkern der Inquisition drohte. Er verlässt dann seine Heimat, bereist die Türkei, Italien, Deutschland, wird eine Zeitlang ein lieber Gast und Schützling des Papstes, was er dazu benützt, um seine armen spanischen und portugiesischen Brüder vor den Gewalttaten der Inquisition zu schützen. Überall agitiert er für David Reubeni, sich dabei oft der Lebensgefahr aussetzend, und wird endlich auf Befehl des Kaisers Karl V. in Padua verbrannt. Ein hartes Schicksal, gewiss. Aber es war durch die Liebe zu seinem Messias – der sie beinahe gar nicht erwiderte! – verbüßt. Während dann der falsche Messias David Reubeni bald in Vergessenheit geriet, blieb das jüdische Volk dem Andenken des liebenden Idealisten Schelomo Molcho für Jahrhunderte treu. In Prag wird z.B. sein Gebetmantel als eine Reliquie bis zum heutigen Tage in großer Ehre gehalten. (Ein Beispiel aus seinen Visionen bringen wir an einer anderen Stelle.) Sein Werk »Sepher hamphoar« schrieb er »um den Willen seiner lieben Freunde zu erfüllen.«

Nicht weniger elegisch ist die für unseren Gegenstand wichtige Lebensgeschichte des genialen Dichters und Kabbalisten R. Mosche Chajim Luzatto. (Nach »Ansehe Haschern« von Abraham Kahana.) Er wurde i. J. 1707 in Padua als Sohn einer alten angesehenen Familie geboren. Seine Lehrer waren die größten Rabbinern Italiens. Außer der »heiligen Wissenschaft« wurde er auch in der italienischen und lateinischen Sprache, ferner in den damaligen Naturwissenschaften und Künsten unterrichtet. Seine große Begabung und seine Liebenswürdigkeit haben verursacht, dass einige seiner Lehrer bald zu seinen Schülern wurden. Seinen großen Ruhm als Kabbalist erwarb er bereits in der Jugend. Noch vor etwa siebzig Jahren scheute man sich in Padua, das Haus zu betreten, in welchem er mit seinen »Schüler-Freunden« die Kabbala studiert hat. In seiner Jugend verfasste er ein romantisches Drama »Simson und die Philister« u.a. bedeutende Werke. Sein eigentümliches Hebräisch ist sehr lebendig, elegant, reich und ausdrucksvoll. Es hat vielleicht nicht seinesgleichen in der neuhebräischen Literatur, als deren Begründer er bezeichnet werden darf. Er verbindet in seiner tiefen Seele Liebe zur Natur und zum idyllischen Leben mit der traditionellen Religiosität und der Mystik in wunderbarer Harmonie. In seiner Stadt war er so beliebt, dass ihm die frommen Juden die als große Ehre geltende Ehrenstelle eines Vorbeters verliehen, obzwar er noch unverheiratet war (was nach dem strengen kabbalistischen Rituale eigentlich nicht statthaft ist). Von seinen Schülern wurde er förmlich vergöttert. Aber sogar Seelen lange verstorbener Gerechter und Weiser verließen den Himmel und studierten mit ihm. Auch der Prophet Elias kam zu ihm und enthüllte ihm große Geheimnisse. So schreibt er z.B. seinem Freunde Kolbo nach Livorno am 1. Adar II. i. J. 5490: »... Es ist wahr, dass seit d. J. 5487 mir Gott die Gnade zuteil werden ließ, dass er zu mir einen Heiligen aus dem Himmel schickt, der zu mir täglich herabsteigt und mir erhabenste Geheimnisse offenbart, die ich alle systematisch aufgeschrieben habe (vielleicht in dem von uns bereits erwähnten Werke »Klach Pithche Chochmah«) und nach vielen Vorbereitungen, die er mir zu treffen befahl, sagte er, dass ich der Gnade teilhaft werde, aus dem Munde des Propheten Elias – er sei zum Guten erwähnt – sogar Worte des lebendigen Gottes zu vernehmen. Und wie er es gesagt hat, so geschah es mir. In der Zeit, die er angegeben hat, erschien mir Elias – er sei zum Guten erwähnt – und hinter ihm Seelen vieler Heiligen, die in der ›Erde‹ (im Himmel) wohnen und die zu den Botschaften Gottes bestimmt werden, um sein Geheimnis den Gottesfürchtigen zu verkünden; wie schon (im Talmud) unsere Weisen – ihr Andenken zum Heile! – gesagt haben: ›Die Seelen der Gerechten helfen dem Menschen.‹ – Es ist klar, dass nicht erst heute Gott sein Volk Israel mit so vielen Vorzügen zu segnen begonnen hat, und viele Wege stehen Ihm zu diesem Zwecke zu Gebot. – Und ich habe mit ihrer Hilfe viele große Werke verfasst ... insbesondere Grundsätze der ›Wahren Wissenschaft‹ die alles gut erklären, mit Beantwortung verschiedener Zweifel, die man gegen die Schriften von ›Ari‹ – sein Andenken zum Heile! – erhebt.«

Seinen Schülern befahl er »einander zu lieben wie Brüder«.

Und eben die Liebe seiner Schüler-Freunde zu ihm war es, die ihn bald ins Unglück stürzen sollte.

Ein junger polnischer Jude, Namens Jekuthiel, der nach Padua kam, um auf der dortigen berühmten Universität Medizin zu studieren, der aber von der Persönlichkeit Luzattos hingerissen, das Studium aufgab und einer seiner intimsten Freunde wurde, hat an seine Bekannten in Deutschland Briefe gerichtet, die von tiefster Verehrung und Liebe zu Luzatto erfüllt waren. Diese Briefe gelangten aber irrtümlicherweise an eine falsche Adresse. Das Geheimnis aus Luzattos kleinem Verehrerkreis ist so den Rabbinern Deutschlands bekannt geworden, und ihr heiliger Zorn entbrannte. Insbesondere haben sich hierin die sfardischen Rabbiner Altonas hervorzutun gewusst. In Italien wiederum zeichneten sich damals ganz besonders einige Rabbinern Venedigs durch ihre Gehässigkeit aus. Was bildete nun den Knotenpunkt dieses Streites? Die schlichten Männer wussten sich die Anhänglichkeit von Luzattos Schülern an ihren geliebten Lehrer (welche die ohnehin genug große Verehrung der jüdischen Jünger gegenüber ihren Lehrern noch um ein Erhebliches überstieg) durch nichts anderes zu erklären, als dass er sich für einen neuen falschen »Messias« ausgab – was gewiss nicht seine Absicht war. Er wurde nun durch eindringliche Zurede gezwungen, zu heiraten (fromme Juden heiraten gewöhnlich zwischen 14 bis 18 Jahren), da er schon vierundzwanzig Jahre alt war und dennoch kein Bedürfnis, eine Frau zu nehmen, fühlte. Seine Anschauung über die Frau und den geschlechtlichen Akt steht tatsächlich im krassen Widerspruch gegenüber der ganzen jüdischen Auffassung: Er hält die Frau und den Begattungsakt für die höchsten Hindernisse auf dem Wege zur Vollkommenheit. Die Ursache alles Unheils ist ihm, dass Männer Kinder zeugen! Diese Ansichten bei einem sonst so traditionell frommen und zartfühlenden Manne, wie es Luzatto war, muten wirklich recht merkwürdig an. Sie zwingen uns zu der Annahme, dass die Frauengestalten, die in seinen Dramen vorkommen, trotz ihrer Lebendigkeit eigentlich doch nur den Erfordernissen des damaligen humanistischen Geschmackes seiner Leser entsprechen sollen und keine Produkte tieferer psychischer Bedürfnisse Luzattos sind. Seine Antipathie zum anderen Geschlechte erstreckt er dann aber auf das ganze Dasein, wie aus folgendem Spruche erhellt: »Und siehe! Der Mensch soll alle diesseitigen Angelegenheiten verabscheuen und nur das begehren, was dem Zwecke des Schöpfers -gesegnet sei sein Name – entspricht. Und was er von diesseitigen Dingen machen muss, soll er überhaupt nicht mit Liebe machen, sondern »wie jemand, den ein böser Geist überwältigt hat«. (Diese Redewendung vom bösen Geiste sagt der Talmud vom Verhalten R. Eliesers beim Geschlechtsakt. Es soll damit gesagt sein, dass der Geschlechtsakt möglichst kurz währen soll und eher Unlust als Lust auslösen mag.) Dass derartige Geringschätzung des heterosexuellen Verkehrs nicht auf Mangel der Erotik hinweist, sondern lediglich ein Zeichen des Vorhandenseins verdrängter Inversion ist, wurde bereits von Hans Blüher hervorgehoben. Das Leben und die Lehren R. Mosche Chajim Luzattos dürften ebenfalls als eine Bestätigung von Blühers Idee gelten. – Dafür ist ihm das Studium der wahren Wissenschaft, der Kabbala, die wichtigste Einrichtung, kraft welcher Israel aus dem Exil ziehen wird. Als dann einige Jahre später bekannt wurde, dass Luzatto das Kabbala-Studium und den Verkehr mit seinen Schülern – trotz einer schriftlichen Erklärung, in der er sich seinerzeit verpflichten musste, seinen Lebenslauf zu ändern – weiter fortsetzte, wurde über ihn von den aschkenasischen und sfardischen Rabbiner

Deutschlands, Venedigs, Polens, Hollands und Dänemarks ein Bann ausgesprochen, der an Strenge kaum seinesgleichen hat. Zu ihm hielten treu nur seine alten, angesehenen Lehrer und seine Schüler. – Er ist gezwungen, seine Heimat zu verlassen, und begibt sich nach Amsterdam, wo er sich durch Linsenschleifen ernährte. Unter den dortigen nicht weniger frommen, aber doch liberaleren Juden findet er endlich Ruhe und Ansehen und kann sich wiederum seinen Studien unbehindert widmen. Als er sich unterwegs in Bolzano befand, schrieb er an seine Schüler einen Brief, in dem es u.a. heißt: »Ich sage Euch, wie ein Fremder komme ich mir vor. Wie schwer fällt mir die Trennung von Euch! Meine Zunge hat nicht mehr Kraft zu reden und mein Herz zu denken und meine Hand die Feder zu führen. Denn seit ich allein blieb, fühle ich mich wie ein Herz ohne Glieder, wie ein Vogel verjagt von seinen Jungen. ›Und, was soll mir das Sprechen, was soll mir das Reden!‹ ›Zu den Geheimnissen des Erbarmens können wir nur schweigen und alles, was man vom Himmel tut, ist gut.‹ (Zitate aus heiligen Schriften) Dies wisset bestimmt: Dass so, wie mein Herz von der heiligen Gemeinschaft nicht fortging und nie Eure volle Liebe verstoßen wird, also ›sei es der Wille‹ vor Ihm, die Verstoßenen zueinander zu bringen und die Verstreuten zu sammeln und dass wir würdig werden, gemeinsam Seinen Dienst – gepriesen sei Er – wie früher zur verrichten. Amen, also sei der Wille!«

Auch in Amsterdam, wo er bald eine große Schar neuer Jünger um sich sammelte, vergißt er seine alten Freunde in Italien nicht. Er schreibt z.B. an sie in seinem Briefe vom 26. Adar des Jahres 5499: »... O meine Brüder, die Ihr mir wie meine Seele seid! Mit wahrer Liebe liebe ich Euch und Euer Andenken ist auf den Tafeln meines Herzens. Es sei Euch bekannt. Die Ferne teilte nicht zwischen uns und die Zeit lenkte mein Herz vom Sehnen nach Euch nicht ab ... Und die wahre Liebe, die wir uns gelehrt bei unserem Studium, und die Ehrfurcht vor der Erhabenheit, in der wir gewandelt haben, mögen nicht weichen von Euch. Und wisset und sehet, dass Gott nur das einzige Gefallen hat an seiner Welt, dass seine Diener seinen Ruhm, seine Größe und seine Erhabenheit erkennen und an den Mysterien seiner Geheimnisse sich freuen ...«

Er verfasste auch ein unter frommen Juden allgemein beliebtes Werk, ein moralistisches Buch »M'silath J'scharim«. Für uns ist von Bedeutung die große Verehrung, die in diesem Werke der Persönlichkeit des »gerechten Mannes« zuteil wird, z.B. der Satz: »... Und siehe!, siehe! Dieser Mann ist wie die Stiftshütte, wie das Heiligtum, wie der Altar, an denen Gottes Herrlichkeit ruht.« Diese Verehrung des »Zaddik« erklärt wohl auch die große Beliebtheit, der sich »M'silath J'scharim« bei den Chassidim erfreut, die ja durch die Hingabe an den Rabbi ebenfalls berühmt sind. R. Bär aus Mesiritzsch soll z.B. über Luzatto gesagt haben: »Er ist ein ›Großer Mann‹ gewesen, aber sein Geschlecht war nicht würdig, ihn zu begreifen.«

Wenn die Weisen im Talmud sagen, »die Gelehrten haben weder in dieser Welt Frieden noch in der künftigen«, so gilt diese Regel gewiss auch von Luzatto. Denn nach kurzem Ruhestand in Amsterdam verlässt er diese Stadt und fährt nach dem Lande Israel, wo er aber bald nach seiner Ankunft im Alter von vierzig Jahren, i. J. 1747 an der Pest starb (am 26. Ijar im Jahre 5507). Mit ihm starben auch seine Gemahlin und sein einziger Sohn. Die Kabbalisten Palästinas begruben den großen R. Mosche Chajim Luzatto neben dem Grabe Rabbi Akibas in Tiberias und beweinten ihn mit den letzten Pentateuchworten: »Und es erstand niemand mehr in Israel wie Mosche ...«

Der Beweggrund seiner Reise nach dem Lande der Väter blieb wie vieles im Leben dieses hervorragenden Menschen bisher ungeklärt. Dieser Mann sollte nicht nur dem Kabbalisten ein treuer Führer in den Geheimnissen Gottes sein, nicht nur dem modernen hebräischen Künstler durch seine Sprache und seinen Stil, und dem orthodoxen Chassid durch seine tiefe Religiosität bis zum heutigen Tage als Vorbild gelten, er sollte vielmehr in seiner großen Liebe zu seinem unglücklichen Volke und in seinem Traume vom idyllischen Leben in der freien Natur auch für die modernen jüdischen Palästina-Kolonisten als Wegweiser aufleuchten.

V.

DER CHASSIDISMUS

Wir haben oben bereits betont, welcher Gefahr die gesamte Judenschaft durch die stets wachsende schabbatianische Bewegung ausgesetzt war. Die Anhänger Jakob Franks entfernten sich von ihrem »Messias« immer mehr und mehr, und da sie in ihrem Frauenkultus bis an das äußerste Ende gingen, wählten sie sich jeder eine Frau, interessierten sich nicht um ihre Genossen und verließen allmählich die schabbatianische Gemeinschaft, welche noch mindestens der Rasse nach jüdisch war. Jakob Frank scheint dies selbst erkannt zu haben, indem er über seine zugrunde gehende Organisation das elegische Agadah-Wort sagte: »Das Werk meiner Hände taucht ins Meer«. (Der »Midrasch« erzählt, dass, als Gott die Ägypter, welche die Israeliten verfolgt haben, in der Flut des Roten Meeres untergehen hieß, die Engel ein Lied vor ihm singen wollten. Gott sprach aber: »Das Werk meiner

Hände taucht ins Meer und ihr stimmt ein Lied an«. – Aus diesem Grunde verkürzen auch die Juden am Pessachfeste die Lobespsalmen des »Hallel« – Gebetes wegen der Trauer über das Ende ihrer ägyptischen Unterdrücker. Welche Rachsucht ...) Wir sagten schon, dass der Hauptfehler des Schabbatianismus darin bestand, dass er jene Richtung für die Grundlage der Tora hielt, welche etwa in der Sohar-Stelle vom geschlechtlichen Akt des Mannes mit der Frau ihre höchste Ausdrucksform findet. Um dieser gefährlichen Bewegung kräftig entgegenzutreten, war es also nötig, die entgegengesetzte (wenn auch nicht ganz andersartige) Richtung zu ergreifen, nämlich die Richtung, welche im Sohar vom Heiligen Alten und der Mannesschönheit Israels angedeutet ist. – Und dies tat eben – vielleicht ganz unbewusst – Rabbi Israel ben Elieser, Baal Sehern Tow (1700 – 1760), indem er in den letzten zwanzig Jahren seines Wunderlebens die chassidische Richtung schuf.

Es ist nicht meine Sache, die Lehre und das Leben des heiligen Baal-Schem hier zu schildern[6]. Ich will vielmehr, soweit es mir als wichtig erscheint, die eigenartige Lebensweise der Chassidim beschreiben, so wie sie sich an einzelnen Orten Osteuropas in ihrer Reinheit bis zum heutigen Tage erhalten hat und wie ich selbst sie erlebt habe. Aber einen Zug der tiefen Seele dieses großen polnischen Juden möchte ich hier doch hervorheben: Seine große Liebe zur Einfalt und Naivität. Einfache Menschen waren ihm sehr lieb. Wenn er auf seinen vielen Reisen in eine Stadt kam, so betrat er nicht die Bethäuser der Reichen und der »Gelehrten«, sondern die der gewöhnlichen Handwerker, Wasserträger und Kutscher, deren es unter den Ostjuden tausende und abertausende gibt. Der »Garten der Agadah«, der nach dem Abschlüsse des Talmuds zu blühen nicht aufhörte, sondern auch im Mittelalter und in der Neuzeit schöne Blüten hervorbrachte, wusste auch die Vorliebe Baal-Schems für einfältige Menschen mit einen Kranze herrlicher Erzählungen zu schmücken. Es seien hier zwei Legenden angeführt, die ich dem Volksmunde entnommen habe (auch die übrigen Legenden, Sprüche und Anschauungen, bei denen ich hie und da keine Quelle anzugeben weiß, schöpfte ich aus der »mündlichen Lehre« des Volkes oder es ist meinem Gedächtnisse das betreffende Buch, in welchem ich die Belegstelle gelesen habe, infolge der unbeschreiblichen Größe des chassidisch-kabbalistischen Schrifttums schon entfallen):

Das Versöhnungsfest im Walde

Der Baal-Schem erwies einem gewissen einfachen Dorfjuden große Ehre. Und warum? Dieser Mann ging einmal am Vorabend des Versöhnungstages aus seinem Dorfe in die benachbarte Judengemeinde, um mit den »jüdischen Brüdern« gemeinsam um Gottes Vergebung und Gnade zu beten. Als er durch den tiefen Wald ging, verlor er aber plötzlich den Weg und wusste nicht, wie er hinauskäme. Und bald kam der Abend, der Heilige Tag war da. Der Mann konnte aber nicht auswendig beten und auch kein Gebetbuch hatte er bei sich. Da begann er bitter zu weinen ob seiner großen Sünden, die er im Laufe des Jahres getan hatte: Ach, wie oft hatte er einen Segenspruch gedankenlos ausgesprochen, wie oft hatte er mit seinem Weibe – es soll leben! –

überflüssige Worte gewechselt, und einmal, oh, einmal hat er sogar seinem christlichen Nachbarn ein Stückchen Holz genommen, ohne ihm davon zu sagen. Und es heißt wohl im heiligen »Schulchan Aruch«, wenn man einem Nichtjuden einen Gegenstand nehme, sei man frei von Strafe, falls der Gegenstand nicht einen Pfennig Wert habe, aber der Rabbi sagte doch, dass ein Chassid sich vor solcher Sünde hüten müsse. (Vgl. Tanja-Schulchan Aruch) Und als er da so bittere Tränen vergoss ob seiner großen Sünden und ob seiner Unkenntnis der Gebete des Heiligen Tages, da schickte ihm Gott einen guten Gedanken. Er stand auf, zählte das Aleph Beth (das ABC) auf und sprach dann zu Gott: »Herr der Welt! Du bist doch so weise, du kennst doch auch gewiss alle Gebete des Versöhnungstages auswendig. Oh, nimm dir doch dieses Aleph Beth und stelle dir daraus das Gebet selber zusammen«. – Und für diese Worte hat ihm der heilige Baal-Schem – sein Verdienst möge uns beschützen – große Ehre bezeugt.

Die Geschichte vom Knaben, der nie die Nacht gesehen hat

Es war einmal ein kleiner jüdischer Hirtenknabe, ein Waisenkind, der nie die Nacht gesehen hatte. Wieso? Er weidete treu die Schäflein seines Herrn den ganzen Tag und bevor die Sonne unterging, kehrte er mit ihnen heim, legte sich neben sie im Stalle nieder und schlief. Früh, als die Sonne bereits aufgegangen war, stand er auf und führte sie wieder auf die Weide. So ging es viele Jahre hindurch und der Knabe wusste nicht, dass es eine Nacht gibt, und er sah nie die Pracht des bestirnten Himmelsgewölbes. In einer Nacht erwachte er, und siehe, es war finster im Stalle. Er erschrak, lief hinaus auf den Hof und auch dort war es finster. Er blickte zum Himmel, um zu sehen, wo denn die leuchtende Sonne sei und siehe, die Sonne war verschwunden. Dafür aber leuchtete der kühle, ruhige Mond so herrlich und Myriaden von Sternen strahlten so schön, wie die funkelnden Tautropfen im Grase, wenn er seine Schäflein am Morgen auf die Weide führte. Da schauderte der kleine Hirtenknabe vor der Finsternis der Nacht und all der Pracht am

Himmel und noch vor etwas Großem, Ungeahnten. Und er lief auf dem Hofe hin und her und schrie in seiner Angst so laut, dass alle aufkamen, die im Hause schliefen. Sie eilten herbei, und als sie das ungewöhnliche Benehmen des Knaben sahen, da fühlten sie ein tiefes Mitleid mit ihm, denn sie glaubten alle, er hätte den Verstand verloren. Wie groß war aber erst ihr Staunen, als sie die wahre Ursache seines Handelns erfuhren, als sie aus seinem unzusammenhängenden Geschrei erkannten, dass er noch nie die Nacht gesehen hatte. Und da trat der Hausherr zu ihm und belehrte ihn, dass es einen allmächtigen Gott gibt, der alles weise und herrlich geschaffen und eingerichtet hätte, »der durch Sein Wort den Abend bringt, durch Seine Weisheit die Zeiten ändert und die Sterne in ihren Bahnen am Himmelsgewölbe nach Seinem Willen ordnet. Der die Nacht und den Tag erschaffen, der das Licht vor der Finsternis und die Finsternis vor dem Licht abwälzt. Der zwischen Tag und Nacht teilt, der Herr der Herrscharen ist sein Name«. (Aus dem täglichen Abendgebete.) Und als der Knabe dies vernommen hat, da war er außer sich vor Freude, dass es einen so weisen und guten Gott gibt. Er hätte diesem Gott so gerne seine Liebe zu Ihm bewiesen und wusste nicht wie. Und da sprach er zum ersten Male ein Gebet aus, indem er ausrief: »O Gott, wenn Du so weise bist und so gut, dass Du so schöne Dinge schaffen kannst, so schaffe mir, bitte, ein Schäflein, ich will es Dir täglich auf die Weide führen und treu bewachen, genau so wie die Schäflein des Hausherrn«. – Und der heilige Baal-Schem – sein Verdienst möge uns beschützen! – sagte: Als dieses Gebet aus dem kleinen Herzen des Hirtenknaben in seinem »einfachen Glauben« in den Himmel stieg, da erfüllten sich alle himmlischen Paläste der Heiligen mit wunderbarer, unbeschreiblicher Wonne. –

Die chassidische Gemeinschaft teilt sich in zwei Teile. In die Bal-Battim (richtiger Baale Batim, d.h. die Hausherren) und in die Mitglieder der »Chewre« (Chebhrah heißt etwa Gemeinschaft), auch «Joschwim» genannt (d.h. die Sitzenden).

Mit den ersten haben wir uns hier nicht eingehender zu beschäftigen. Sie sind harmlose

Familienväter, deren Bestimmung darin besteht, das Judentum mit vielen Söhnen und Töchtern zu bereichern. (Nach dem Talmud soll nämlich ein ungebildeter Mann täglich seiner Frau beiwohnen, um möglichst viele Kinder zu haben, während der Gelehrte nicht mehr als einmal wöchentlich bei der Frau schlafen soll.) Ferner müssen die Bal-Battim ihren Rebb'n (Rabbi) mit seinem großen »Hofe« so wie auch die »Joschwim« aus ihren Geldern erhalten. Sie besuchen von Zeit zu Zeit den Rebb'n z.B. an Festtagen, oder um sich seinen besonderen Rat bei wichtigen Lebensschritten zu erbitten u. ä., verbringen bei ihm nur einige Tage und kehren fröhlich und guter Dinge zu ihren »Zelten«, zu ihren Frauen und zu ihren vielen Kindern zurück »je nach der segnenden Hand Gottes über ihnen« ...

Nicht so die »Joschwim«. Diese – wie schon ihr Name zeigt – »sitzen« ständig in der Residenzstätte des Rabbi, sie führen ein gemeinschaftliches Leben, sie essen und beten, bzw. auch »lernen« zumindest gemeinsam. Die Sorgen um das »Leben der Stunde« verlassen sie vollständig. Nicht, dass sie etwa so reich wären, aber weil sie sich Dank ihrer großen Hingebung zum Rabbi und zur »Chewre« mit dem Wenigsten zu begnügen wissen und derart in Armut und Elend zu leben verstehen, wie es sich gar nicht schildern lässt. Ihr ganzes Leben verstreicht wie ein Traum. In einer heiligen Freude, in gegenseitiger Liebe und in Frieden verbringen sie ihre Tage. Also durchaus nicht etwa in Trübsal. Wie hoch die Fröhlichkeit bei den Chassidim geschätzt wird, sieht man aus dem Ausspruche des berühmten R. Naphtali aus Roptschitz (Galizien): »Mir ist ein lustiger Abtrünniger lieber als ein trauriger Chassid.«

Die Chewre hat einen »Rosch-Hachewre« (Obmann) und einen »Gisber« (Kassier), welcher bei den Bal-Battim die spärlichen Nedowes (Nedabhoth d. i. Geldspenden) sammelt, aus denen der Bedarf der ganzen Chewre bestritten wird. Außerdem gibt es in der Chewre eigene »Mechalkim« (Verteiler), welche das Brot und die ärmlichen Speisen, die von den jüngeren zubereitet werden, zu verteilen haben. Außer den äußeren Altersstufen gibt es in der Chewre auch innere »Stufen« von »größeren« und »kleineren Seelen«. Die »großen Seelen«

sprechen mit den »kleinen« fast überhaupt nicht, obzwar sie sich fortwährend in ihrer Gesellschaft befinden. Die Disziplin in der Chewre ist eine echt militärische. Die Verehrung des Rabbi kennt keine Grenzen, wenn der Talmud lehrt »die Ehre deines Lehrers sei dir wie die Ehrfurcht vor dem Himmel«, meinen die Chassidim, die Ehrfurcht vor dem Rabbi müsse noch größer sein ... »Ein Chassid«, sagen sie, »muss für den Rabbi nicht nur sein diesseitiges, sondern auch sein jenseitiges Leben zu opfern gewillt sein«[7]. Denn »Gott tut nichts, ohne vorerst sein Geheimnis seinen Knechten, den Propheten, enthüllt zu haben.« (Amos 3, 7. – Vgl. auch Gen. 18, 17) und selbst »was Gott befiehlt, kann der ›Gerechte‹ (Zaddik) aufheben.« (Talmud Schabbath 63 a, Moed 16 b.) Die Chassidim sind überzeugt, dass auf ihnen und ihrem Rabbi die ganze Welt steht. Jedes Wort, das der Rabbi ausspricht, und mag es dem Außenstehenden noch so unbedeutend erscheinen, ist ein heiliges, tiefes Geheimnis für den Chassid. Alle Handlungen des Rabbi werden genau beobachtet und als Gottesdienste betrachtet. Denn, wenn der Rabbi traurig ist,

ist er dies wohl nur unserer Sünden wegen; ist er heiter, so ist es ein Zeichen, dass auch im Himmel Freude herrscht. Fährt der Rabbi in einen Kurort, so nur deshalb, um aus dem Himmel Heilung für Kranke herbeizuziehen. Jeder Brauch des Rabbi wird seinen Chassidim unaufhebbares Gesetz, so dass man nach den kleinen Abweichungen im Ritus leicht erkennen kann, welchen Rabbis Anhänger der eine oder der andere Chasside ist. Der Rabbi ist überhaupt ein Vorbild aller Frömmigkeit, er ist eine lebende Tora, – »der Heilige Alte« ...

Um sich zu überzeugen, welche Liebe unter den »Joschwim« herrscht, braucht man nur das Bejshamidresch (Bethhammidrasch – das Haus des Forschens) zu betreten, wo sie sich mit ihrem Studium beschäftigen. Hier sitzen zwei Jünglinge (Bachurim), denen der Bart erst das Kinn bedeckt hat, sie »lernen« fleißig über einem dicken Talmud-Folianten. Der eine hält den anderen an dem Bärtchen, schaut ihm tief in die Augen und erklärt ihm dabei die schwierige Talmud-Stelle. Dort gehen zwei Freunde Jedidim) in ein Gespräch vertieft im Saale herum, sie halten einander umschlungen. (Beim Essen sieht man die beiden immer aus einem gemeinsamen Schüsselchen speisen.) In der dunklen Ecke steht ein Paar. Der jüngere von beiden lehnt sich mit dem Rücken an die Wand, der ältere liegt förmlich mit der ganzen Vorderseite seines Körpers an ihn gedrückt; sie schauen einander liebevoll in die Augen und schweigen. Was mag sich da in ihren reinen Seelen abspielen? Sie wissen es selbst nicht. Betritt man nachts das »Haus des Forschens«, so bietet sich dem Auge dasselbe Schauspiel. Es wachen auch in der Nacht einige, da sie erkannt haben, dass die Tage des Menschenlebens zur Ergründung der Talmud-Weisheit nicht ausreichen. An einem Talmudtraktate sitzen zwei Freunde, sie halten sich umschlungen und »lernen« fleißig. – Auch die nicht- oder wenigerchassidischen Juden (ähnlich wie die Araber[8]) begleiten ihr »Lernen« mit einem den Europäer seltsam anmutendem Singsang[9]). Bei den Chassidim ist aber dieser Singsang ganz sonderbar ausgebildet. Die Moll-Töne, die die nächtliche Stille des Lehrhauses durchdringen, erfüllen die Seele mit einem traurigen, unbekannten und doch so heimlichen und vertrauten Gefühl! Es ist, als wenn die beiden »Lernenden« nicht das trockene »Gesetz« studierten, sondern ein trauriges Lied von einem weiten, verlorenen Königreich singen würden, dem Reiche ihrer großen geheimen Sehnsucht. Einen tiefen Gedanken hat R. Pinchas aus Koritz ausgesprochen, indem er sagte, dass »in Tönen das höchste aller Geheimnisse liegt.« (»Midrasch Pinchas«); es ist das Mysterium des »Heiligen Alten«. – Wer an diesen Stätten eine Zeit verbrachte, der wird nie wie der spöttische Heine von »einem fatalen Ei, das ein Huhn gelegt am Festtag« sprechen, um die Halachah zu charakterisieren; denn hier erhalten alle Gegenstände der talmudischen Dialektik eine hohe Weihe, die Weihe der verborgenen Liebe der »Schönheit Israels« und des »Heiligen Alten«. –

Die Lehr- und Erziehungsmethode, die auf diesen stillen Inseln des echten Orients mitten im alles verschlingenden Ozean der osteuropäischen Zivilisation gehandhabt wird, hat manche Vorzüge vor der konventionellen europäischen Pädagogik. Vor allem gibt es dort keine so genaue Differenzierung der Altersklassen. Schon im »Cheder«, der etwa mit der europäischen Volksschule zu vergleichen wäre, befinden sich Knaben etwa von drei bis sechs und von sechs bis zwölf, dreizehn Jahren.

Eine Einrichtung, die etwa der Mittelschule entsprechen würde, gibt es dort überhaupt nicht. Und auch die »Jeschibhah«, jene uralte jüdische Institution, die etwa der Universität entspricht und die seit dem Altertum als Bildungsanstalt der Rabbinern galt, hat der Chassidismus aufgehoben und an ihre Stelle das Bejshamidresch gesetzt. Jeder begabte junge Mann ist verpflichtet, das Bejshamidresch täglich zu besuchen.

Dort hat er aber fast völlige Lernfreiheit. Er wählt sich nach Belieben irgendeinen Talmudtraktat und einen Chawer (Freund), der etwas weniger oder etwas mehr Wissen besitzt als er. Mit diesem lernt er dann gemeinsam. Bei schwierigen Stellen befragen sie einen älteren Talmudisten, der von Zeit zu Zeit auch selbst verschiedene gelehrte Fragen an sie stellt.

Ein älterer Talmudist hält auch täglich regelmäßige Vorlesungen, die jeder hören kann.

Ein Muss gibt es da überhaupt nicht. Außer Talmud werden auch die leichteren kabbalistisch-philosophischen Moralbücher wie »Reschith Chochmah« oder »Likute Amarim« (von R. Schniur Salman aus Ladi) u.a. fleißig gelernt. Durch diese freie Lehrmethode werden kolossale Erfolge erzielt.

Was nun die sogenannte »sexuelle Aufklärung« anbelangt, so beginnt sie beim ostjüdischen Kinde schon wenn es etwa vier Jahre alt wird, nämlich beim Lernen des Pentateuch und genauer dann beim Studium des Talmuds, und zwar, wie ganz nebenbei und in einer reinen, ernsten, ja heiligen Ausdrucksweise. Die dummen Storchmärchen sind dort unbekannt. Mindestens einmal wöchentlich – Freitag nachmittag, vor dem Sabbateingang – versammelt sich die ganze männliche Welt des ostjüdischen Städtchens in einem gemeinsamen Bade, wo die Kinder alle jüdischen Jünglinge und Männer ganz nackt sehen. Denn es ist verboten, »das Zeichen unseres Vaters Abraham« zu verbergen. – Dadurch wird sowohl alles schlechte Schamgefühl beseitigt als auch der bekannt verderblichen Voyeur-Neugierde des europäischen Kindes vorgebeugt. – Onaniert ein Knabe, so wird er – obzwar dies als eine der größten Sünden gilt – nicht zurechtgewiesen, denn man weiß, dass alle Mahnungen da nur sehr schlimme Folgen haben würden. Man trachtet vielmehr den Knaben so bald als möglich zu verheiraten. Über die Sünde des »vergeblichen Ausscheidens des Samens« (durch Pollution, Onanie) erzählten die Chassidim eine schöne Legende: Bis zu Bal-Schems Zeit saß in der Himmelspforte ein Richter-Kollegium, welches nur aus Seelen solcher Zaddikim bestand, die in ihrem diesseitigen Leben den Geschmack dieses Lasters nie gekostet hatten. Sie richteten daher alle Seelen, die dahin kamen, sehr streng und wer mit diesem Laster besudelt war, der durfte des »Königs Tor« nicht betreten. Aber in der letzten Zeit gab es nur wenige, die in den Himmel gelangen konnten, denn nur die wenigsten besitzen die Kraft, ihren bösen Trieb zu bändigen. Nun heißt es aber im Talmud (Baba Qama 79 b): »man verhängt über die Gemeinschaft keine Verordnung, welche die Majorität der Gemeinschaft nicht erfüllen könnte.« Darum erwirkte der heilige Bal-Schem – sein Verdienst möge uns schützen – kraft seines Gebetes, dass die alten himmlischen Richter aus ihrem Amt beseitigt und an ihre Stelle Seelen solcher Zaddikim eingesetzt würden, die in späteren Zeiten lebten und denen in ihrer Jugend der Geschmack dieses Lasters wohl nicht ganz unbekannt geblieben war, die sich dann aber durch Umkehr und tiefe Reue gereinigt hatten. Und diese nehmen das nicht mehr so streng, so dass auch Kinder unseres sündigen Zeitalters in den Himmel kommen können, wenn sie mindestens die anderen Vorschriften streng befolgt haben. Darauf sollen sich die Worte des Gebetes beziehen: »Gedenke uns nicht der ersten (oder: der Ersten) Sünden, denn wir sind sehr arm!« Das soll bedeuten: rechne uns nicht die Taten, welche bei den Ersten (Geschlechtern) ein Laster waren, als Sünde an, denn wir sind zu schwach, um dem Triebe trotzen zu können und arm an Zahl wären deshalb die, welche in den Himmel kämen! –

Dagegen lässt man zwei Knaben nicht miteinander in einem Bette schlafen, obzwar der Talmud nur das Beisammenliegen eines jüdischen Knaben mit einem nicht jüdischen verbietet, damit der Jude den gleichgeschlechtlichen Akt nicht kennen lernt. Die Chassidim sind sich eben dessen bewusst, dass unter ihnen die Möglichkeit eines gleichgeschlechtlichen Verkehrs viel naheliegender ist, als bei den »bal bauschen« Juden. Ähnlicher Maßregeln, welche demselben Zwecke dienen, gibt es im Talmud und im Schulchan Aruch genug. Ein Beweis, dass bei Juden die von Blüher sogenannte »Inversion« in starkem Maße vorhanden war.

So verbietet z.B. der Schulchan Aruch (Rema) den Besuch einer Badeanstalt, in der auch nackte Unbeschnittene baden, da der Anblick eines unbeschnittenen Gliedes die Begierde erwecke. (Jore Deah, Hilchoth, Akum). Wie wird nun ein Knabe zum »Jojschew?« – Sobald ein Sohn »selbständig zu denken vermag«, wird er von seinem Vater zum Rabbi gebracht, damit ihn dieser mit »Gottesfurcht, Ausdauer beim Lernen, Glück« u.a. segne. Dann kehrt der Vater wieder mit ihm nach Hause, um ihn »zur Tora, zum Trauungs-Baldachin und zu guten Taten« weiter zu erziehen. – Aber siehe!

Plötzlich wird die Seele des Knaben von einer unerklärlichen, starken Sehnsucht nach dem Rabbi ergriffen; er hat keine Ruhe daheim. Nicht nur in nächtlichen Träumen, sondern manchmal sogar – und dies gilt den Chassidim als ein Zeichen ganz besonderer Gnade – auch im wachen Zustande erscheint die leuchtende Gestalt des Rabbi lebendig vor seinen Augen. Endlich entschließt er sich. Er verlässt das liebe und bequeme Elternhaus – oft gegen den Willen des Vaters und unter Tränen der Mutter – und reist in die Stadt des Rabbi, um sich an ihn »anzuschmiegen« (dowek zu sein) für ewig. Sobald der Jüngling angekommen ist, und man sich überzeugt hat, dass es ihm ernst um die Sache sei, empfängt ihn die »Chewre« mit offenen Armen. Bald findet er in ihrer Mitte einen engeren Freundeskreis, der ihn durch verschiedene Zärtlichkeiten »annähert« (mekarew ist). Und es verstreicht keine lange Zeit, da tritt an ihn ein älterer Jüngling heran, zu dem er schon länger insgeheim »seine Seele trägt«, und macht ihm den Vorschlag, gemeinsam mit ihm zu lernen, was er selbstverständlich mit größter Freude annimmt. Und wie selig fühlt er sich, wenn einmal auch der Rabbi sein heiliges Auge auf ihn richtet oder ihn gar beim Namen ruft und ihm Schirajim (Rest, Anteil) von der Speise gibt, die durch seinen heiligen Mund geheiligt wurde. Sobald die Zeit gekommen ist, da ihn der Vater verheiraten will, verlässt er ungern die »Chewre«, um das große Gebot des »seid fruchtbar und vermehret euch« zu erfüllen. Nach kurzer Zeit kehrt er zu der Chewre zurück. Wird seine junge Frau Mutter und hat sonst niemanden, der um sie sorgen würde, so erscheint sie vor dem Rabbi und weinend bittet sie ihn, er möge doch ihren Mann nach Hause schicken. Der junge Mann kehrt also zu ihr zurück, zeugt mit ihr wieder einige Kinder und – kehrt zum Rabbi und zu der Chewre zurück, vielleicht schon für immer. »Denn die Ursache seines Anschlusses an den Rabbi ist, dass er ihn so liebt, dass seine Seele mit der seinen verknüpft ist, bis dadurch die Liebe zur Frau zu Nichts wird.« (Likute Maharan.) Die Sorge um die Familie überlässt er Gott; nicht, dass er etwa kein Gefühl für sie hätte, aber es heißt doch im Talmud (Qidduschin 82 a), dass ja auch die Vögel keine Sorge haben und keine

Arbeit verrichten und doch lässt sie Gott nicht verhungern.

Obzwar in der chassidischen Bewegung einige Frauen zu höchstem Ansehen gelangten, bleibt doch im allgemeinen die Frau aus der Gemeinschaft der Chassidim völlig ausgeschlossen, was die ostjüdische »Moderne«, welche durch den übertriebenen Frauenkult der neuhebräischen Literatur vollständig desorientiert ist, im höchsten Grade gegen den Chassidismus aufreizt. Mit den Frauen wird nicht gesprochen, man schaut ihnen nie ins Gesicht und speist mit ihnen nicht an einem Tische. Wo die Joschwim versammelt sind, dürfen sich Frauen überhaupt nicht zeigen. Einer Frau die Hand reichen gilt auch ihr selbst als der gröbste Verstoß gegen die empfindliche chassidische Etikette.

Für die sonderbare Erscheinung, dass sich oft ein Mann in einen anderen, den er zum ersten Male im Leben gesehen, gleich verliebt, haben die Chassidim eine schöne Begründung, die stark an Plato erinnert. Sie meinen nämlich, dass es daher kommt, dass diese zwei Seelen im Paradies nebeneinander saßen, bevor sie auf diese Welt kamen, und nun haben sich die beiden erkannt. (Noam Elimelech.) –

R. Jisrael aus Rischin sagte: Als Gott Mose im Himmel die Tora lehrte, da hat Er zwei Verse leise gesprochen. Nämlich das Gesetz »Du wirst deinen Nächsten lieben wie dich selbst« (Lev. 19, 18) und den Vers: »Durch dein Schwert wirst du leben«, mit welchem Isaak seinen Sohn Esau gesegnet hat. (Gen. 27, 40). Und warum sprach Er sie leise? Wenn Esau, der kriegerische Zerstörer der Welt, gehört hätte, dass ihm sogar die heilige Tora selbst das Schwert in die Hand drückt, so wäre er gewiss in seinem furchtbaren Zertrümmerungswerke ganz hemmungslos fortgefahren. Und von der Nächstenliebe hat Er deshalb leise gesprochen, um den »jüdischen Kindern« (Juden) anzudeuten, sie mögen die Liebe untereinander nur zurückhaltend pflegen, denn es wäre nicht schön, wenn sie einander auf den Straßen öffentlich umarmen und küssen würden. – Ein Beweis dafür, meinte der heilige Rischener, ist das hebräische Sprichwort, »Kommt der Wein hinein, geht das Geheimnis hinaus.« (Erubin 65 a.) Denn trinken die Chassidim miteinander

›lechajim!‹ (»Zum Leben!« -Ein hebräischer Gruß beim Trinken berauschender Getränke), so reichen sie einander die Hände, umarmen und küssen einander, sagen einander »süßer Bruder! Süßer Bruder!«, tanzen (getrunken und getanzt wird bei Chassidim fast mehr als gegessen! – Der Tanz besteht darin, dass sich die Männer an der Hand oder an der Schulter fassen, einen Kreis bilden und sich singend oft stundenlang in einem einfachen eigentümlichen Tanzschritt rhythmisch bewegen), und ihre Liebe kennt kein Ende. Wie es der Talmud (Sanhedrin 103 b) sagt: »Groß ist ein Schluck (des Trankes), denn er nähert die Entfernten« – Trinken aber die Bauern (diese werden wie überhaupt alle jene Christen, welche den Juden feindselig gesinnt sind, für Nachkommen des bösen Esau gehalten), so streiten sie, raufen und schlagen sich, bis das Blut fließt. Wie es der Talmud (dort) sagt: »Groß ist ein Schluck, denn er entfernt die Nahen« – R. Jisrael aus Rischin, der ein sehr schöner Mann gewesen sein soll, war wegen seiner Liebe zu allen, besonders aber zu einigen Zaddikim, berühmt. Er selbst sagte von sich, er gleiche einem Thermometer, das jede Temperaturveränderung sofort empfindet – also fühle er auch alle Leiden seiner jüdischen Brüder, und wohnten sie auch am anderen Ende der Welt. Eine besondere Freundschaft verband den Rischener mit dem ehrwürdigen R. Jisrael aus Apta, dem Autor des wunderbaren Buches »Ohabh Jisrael« (Freund Jisraels) – diese zwei Wörter waren das einzige, was er auf seinen Grabstein schreiben ließ). Der Rischener nannte den Apter »der Alte«. Einst legte der Apter dem jungen Rischener den Gürtel um und sagte dabei, er umbinde eine Tora-Rolle.

R. Mosche Teitlbaum aus Ujhel (Ungarn), der Verfasser des tiefsinnigen Werkes Jismach Mosche, fragte einst seinen Lehrer, den großen R. Bär aus Mestritz (Schüler und Nachfolger Bal-Schems und Urgroßvater des Rischener), wie können sich die Chassidim so sehr freuen und so viel lachen? Es heißt doch im heiligen Schulchan Aruch, dass es verboten ist, seinen Mund mit Lachen zu füllen in dieser Welt, denn es heißt (Ps. 126): »Dann wird des Lachens unser Mund voll sein.« Nämlich erst dann, »bis Gott die Verbannten Israels wieder nach Zion zurückführen wird.« Darauf erwiderte ihm R. Bär wie folgt: »Ich werde dir ein Gleichnis erzählen. Womit ist dies zu vergleichen? Mit einem König« (mit diesen Worten beginnen zahlreiche Gleichnisse im Midrasch), »gegen den sich sein Reich empörte, den es schließlich entthronte und in die Verbannung vertrieb. Und der König wusste nicht wohin zu gehen, denn niemand wollte sich seiner annehmen. Endlich fand er in der Fremde einen guten Freund. Es war ein armer Mann, der recht elend sein Dasein fristete und nur ein enges, dunkles Häuschen bewohnte. Als dieser von dem großen Unglück hörte, das seinen königlichen Freund getroffen hatte, da wurde er sehr traurig. Er dachte bei sich, wie schmerzhaft es für einen König sein müsse, die herrlichen Gärten und Paläste verlassen zu müssen und bei ihm, dem Armen, Wohnung zu suchen. Nicht einmal die große Freude, dass er mit seinem geliebten Freunde für immer in unmittelbarer Nähe leben werde, vermochte den tiefen Schmerz seines Mitleids zu lindern. Nichtsdestoweniger empfing er seinen Gast mit größter Freude und Fröhlichkeit, denn er fürchtete, dass der Schmerz seines Mitleids den Gram des Freundes nur vergrößern würde. Aus demselben Grunde verbrachte er mit ihm auch weiter alle Tage nur lachend und äußerlich lustig. Aber tief in seinem Herzen, dort brannte der große Schmerz um des Unglücks willen, das seinen liebsten Freund so schwer getroffen hatte. – Dieser König ist der »König aller Könige«, der Heilige – gesegnet sei Er! – dessen Herrschaft aus Zion vertrieben wurde und sein Haus zerstört: sein armer Freund in der Ferne, das sind die Chassidim. Unser Mund ist wohl voll des Lachens, um Seinen Schmerz nicht zu vergrößern, aber unser Herz verzehrt ein tiefer Schmerz über das große Unglück, das unseren himmlischen Freund getroffen hat.«

VI.

DER TRAGISCHE KONFLIKT DER BEIDEN EROTISCHEN RICHTUNGEN UND SEINE FOLGEN FÜR DIE GEMEINSCHAFT

Ich sagte oben, dass die beiden eingangs zitierten Sohar-Stellen über die mann-männlichen und die mann-weiblichen erotischen Beziehungen als Urgrund der ganzen Lehre des Judentums eigentlich in keinem wirklichen Widerspruch zueinander stehen. Denn das Wesentliche an beiden Stellen ist immer der Eros und dieser bleibt ja derselbe, ob er den Mann mit der Frau oder den Mann mit dem Manne verbindet. Und dennoch ist gerade diese Einheitlichkeit des Eros, in ein Verhältnis mit seinen äußersten sich so widersprechenden Auswirkungen gebracht, der Grund davon, weshalb ich den Eros als eine contradictio in adjecto bezeichnen möchte, vielleicht der Grund davon, warum sich der Eros bei den Israeliten im allgemeinen nicht der hohen religiösen Verehrung erfreuen konnte, wie sonst bei den antiken Völkern. Die anderen vorderasiatischen Semiten haben den Geschlechtsakt zum Gottesdienst erhoben und die Sinnlichkeit zur höchsten Göttin »Astarte« gemacht. (Das ursemitische Blut kam später im Mittelalter in den jüdischen Schabbatianern wieder deutlich zum Vorschein.) Die Griechen und die Römer – ähnlich wie die indischen Brahminen – verehrten das männliche Geschlechtsglied als einen Gott. – Die Hebräer aber, die, wie wir bereits gezeigt haben, ebenfalls schon in der ältesten Zeit die überirdische Macht des Eros erkannten, stellten ihn wohl in den Mittelpunkt ihrer Poesie und Gesetzgebung, bezeichneten das Natur-Gesetz »seid fruchtbar und vermehret euch« (Gen. 1, 28) »als das erste Gesetz der Tora« und das Natur-Gesetz »Du wirst deinen Freund lieben wie dich selbst« (Lev. 19, 18) als den »größten Grundsatz der Tora« (Jerus. Nedarim. Middrasch R. 5), die Kabbala sah im Eros, wie wir noch ausführen werden, sogar einen Übergang vom Irdischen zum Göttlichen, aber als Gott selbst konnten ihn die Juden nicht betrachten, ich glaube eben infolge seiner inneren Widersprüche, die sich mit der Einheit und Vollkommenheit Gottes nach dem jüdischen Gefühle nicht gut in Einklang bringen lassen. Vielleicht eben, weil der Jude wegen der inneren Widersprüche seiner Volksseele so sehr leidet. – Ich habe hier das hebräische »rea« statt mit dem üblichen »Nächster« mit dem ursprünglichen »Freund« übersetzt, wie es z.B. in Gen. 38, 12 heißt. – Auch die Vulgata übersetzt es mit »amicus«, Freund. Oft hat es in der Bibel direkt eine erotische Bedeutung z.B. Jer. 3, 1, Hos. 3, 1, Dt. 5, 16. – In Dt. 13, 7 hat es gar einen männlich erotischen Beigeschmack und in diesem Sinne hat es auch der Rischener in der oben erzählten Sentenz deutlich zu verstehen gegeben. Wenn im Talmud (Schabbath 31 a) nun Hillel »der Alte« im Gespräch mit einem Barbaren die ganze Tora in dem Ausspruche »Was dir verhasst ist, tue deinem Nächsten nicht« zusammenfasst (also ganz unerotisch), so beweist dies nichts gegen den ursprünglich erotischen Sinn dieses wohl der Prähistorie entstammenden Bibelverse[10] denn Hillel konnte wohl nicht das Geheimnis des männlichen Eros vor einem Barbaren preisgeben. Es heißt doch im Talmud (Derech Erec Suta): »Den Gebildeten ziemt die Freundschaft, aber nicht den Ungebildeten.«

Damit wir uns vergegenwärtigen, welcher abgründige Widerspruch in den Auswirkungen des Eros hegt, seien hier nochmals die entgegengesetzten Ansichten des R. M. Ch. Luzatto und des R. Chajim ben Bezalel gebracht. Während Luzatto die höchste Liebe seinen Jüngern entgegenbringt und meint, die Frau und der Begattungsakt seien die Ursache allen Unheils, sagt R. Chajim ben Bezalel: »Die geschlechtliche Verbindung des Mannes und der Frau ist eine heilige und reine Sache; es ist dabei nichts Schändliches noch Hässliches ...« »Der Bösewicht Bileam« und »der unreine, unbeschnittene Grieche« sind ihm so von Gier ergriffen, dass sie glauben, die Sexualität sei eine Schmach, und es sei unmöglich, bei ihrer Betätigung reines Gemüt zu bewahren. – Man glaubt kaum seinen Augen, wenn man zwei so divergierende Meinungen dieser bedeutenden Rabbinern, die doch beide streng gesetzestreue Juden waren, nebeneinander liest. Noch besser tritt dieser Widerspruch bei den beiden jüdischen Sekten an den Tag, die wohl bereits der Historie angehören, nämlich bei den altertümlichen Essener und bei den mittelalterlichen Schabbatianern. Denn hier wurden ja die persönlichen Neigungen dieser alleindastehenden Rabbinern von ganzen Gemeinschaften in die Tat umgesetzt. Die ersteren pflegten nur Freundschaft und negierten die Frau völlig. Die letzcren bejahten die Frau absolut, weshalb sie die männliche Gemeinschaft vernachlässigen mussten. An diesen Sekten zeigt sich zugleich deutlich, wie beide extreme Haltungen ganzer Gemeinschaften dem Fortbestande der Menschheit gefährlich sind. Bezeichnend ist, dass im Volke Israel die extrem mannweibliche Richtung in größeren Dimensionen vielleicht nur ein einziges Mal und zwar in der späteren Phase der schabbatianischen Bewegung durchdringt, während die mannmännliche öfter deutlich an den Tag tritt, z.B. bei den Essern, in Luzattos Schule und in unserer Zeit im Chassidismus. –

Von diesem Standpunkte aus betrachtet, bestätigt sich an dem vornehmen Rasseantisemitismus Hans Blühers, welcher den Juden der Gegenwart tieferes Inversionsvermögen abspricht, wieder einmal das talmudische Sprichwort: »Kommt man in den Bereich des Hasses, so kommt man in den Bereich des Irrtums.« (Sonst alle Achtung vor Blühers Lehre von der Inversion. – Ich gestehe, dass es nur wenige europäische Schöpfungen gibt, die auf mich einen so mächtigen Eindruck machten wie Blühers Schriften. Für sein christliches Heidentum habe ich allerdings leider nur wenig Verständnis.)

Aber nicht immer vollzog sich die Kristallisierung beider Richtungen verhältnismäßig so friedlich wie es bei diesen zwei Sekten der Fall war. Einige in der Bibel und im Talmud erhaltene Überlieferungen lassen uns ahnen, dass in der prähistorischen Zeit, die wir von nun an mit dem talmudischen Terminus der »Tora-Offenbarung« bezeichnen wollen, ganze Kulturen an diesen Trieben zugrunde gingen, (z.B. Sodoma, das Geschlecht der Sintflut). Aber auch in der späteren Zeit finden wir unter den Juden große Kämpfe um »Sittlichkeit«. Im Buche der Richter wird (Kapitel 19-21) der

Stamm Benjamin von den übrigen Israeliten beinahe ganz ausgerottet. Die Ursache dieses furchtbaren Kampfes wird dort folgendermaßen geschildert: (Gen. 19, 22 b): Und siehe, die Männer der Stadt (Gib'ah), nichtswürdige Männer, umringten das Haus an die Tür pochend und sprachen zu dem alten Manne, dem Hausbesitzer also: »Führe heraus den Mann, der in dein Haus kam, damit wir ihn (geschlechtlich) erkennen!« Da ging der Mann, der Hausherr zu ihnen hinaus und sprach zu ihnen: »Nicht, o Brüder, tuet nicht Böses, nachdem der Mann in mein Haus trat, begehet nicht diese Untat! Sehet meine Tochter, eine Jungfrau, und seine (des Fremden) Beischläferin! Lasset mich sie herausführen, bezwinget sie, machet ihnen, was gut ist in eueren Augen, aber diesem Manne tut nicht diese Untat an!« Aber es wollten ihm die Männer nicht gehorchen, und da ergriff der (fremde) Mann seine Beischläferin und führte sie zu ihnen hinaus, und sie »erkannten« sie, vergnügten sich mit ihr die ganze Nacht usw. Also der »Fortschritt« gegenüber Sodoma besteht hier darin, dass die lüsternen Bewohner von Gib'ah doch etwas abgeschliffenere Begierden hatten als die Sodomiten und sich am Ende mit der Frau als Ersatz des Mannes zufrieden gestellt haben. Auch der nachfolgende Kampf war schließlich nicht so radikal, wie der Niedergang von Sodoma. Es wurde eigentlich überhaupt nicht mehr so sehr um der Sittlichkeit willen gekämpft als wegen der Tötung der Beischläferin. – Die Entrüstung der übrigen Stämme über diesen Vorfall ist jedenfalls kennzeichnend für ihre hohe sittliche Gesinnung. Die Freundschaft, welche im alten Israel schon in diesen wilden Zeiten zu einer hohen Stufe gelangte, stellt übrigens einen echt »jüdischen Kontrast« zu den tierischen Leidenschaften des gemeinen Volkes dar. Es sei hier z.B. das Verhältnis von Mose und Josua und von Eliahu und Elischa erwähnt. »Davids und Jonathans Liebe« ist später durch den Talmud zum Vorbild der Liebe überhaupt gemacht worden. Der schöne Vers aus dem Klagelied Davids über Sauls und Jonathans tragischen Tod »Leid ist mir über dich, mein Bruder Jonathan, lieb warst du mir sehr, wunderbarer war deine Liebe (zu) mir als die Liebe der Frauen!« (Sam. II, 1, 26) klingt noch nach dritthalbem Jahrtausend gleich traurig-liebevoll. Die Liebe zum Freunde scheint überhaupt im alten Israel allgemeine Sitte gewesen zu sein, da doch Deuteronomium (13, 7) von dem »Freunde, der dir wie deine Seele ist« gleich neben der »Frau deines Schoßes» als von etwas durchaus allgemein Bekanntem spricht. (Die Treue zu Gott war dem Propheten natürlich über beide gestellt.) –

Die Feindseligkeit von Luzattos Gegnern gegen diesen frommen und gelehrten Dichter, die durchaus persönlicher Natur war, sagt uns ebenfalls deutlich, dass wir es da mit dem unbewussten Kampfe beider erotischer Richtungen zu tun haben. Es sei daran erinnert, dass Luzatto von seinen Gegnern genötigt wurde, zu heiraten und seine geliebten Schüler zu verlassen.

Dass dic Entstehung des Chassidismus eigentlich eine Art von Ziehen am anderen Ende des Strickes entgegen dem Frauenkult der Frankisten war, habe ich bereits hervorgehoben. Auch die berühmten geradezu hysterischen Feindseligkeiten der orthodoxen »Misnagdim« (Mithnagdim –die Gegner) des Chassidismus sind nur dadurch zu erklären, dass sie von dem allzu engen Anschließen der Chassidim an ihren Rabbi peinlich berührt waren. Denn dogmatisch unterscheiden sich die Chassidim von orthodoxen Juden überhaupt nicht und auch die kleinen Veränderungen im Ritus, welche die Chassidim vorgenommen haben, sind durchaus nicht häretischer Natur.

Der Sohar lässt uns die Tragik dieses Konfliktes aus der Klage des Propheten Elias entnehmen: »Herr der Welt! Eine einzige Frau schicktest Du zu den Israeliten, Deborah ist ihr Name, und diese hat sie zum Guten zurückgebracht; ich Elias dagegen ging unter ihnen umher, rief ihnen zu und vermag es doch nicht sie aufzurütteln. ... Da sprach zu ihm Moses: ›Gehe zu den Knaben Israels, bei diesen kannst du gewinnen, sie werden dir die Macht des Bundes (der Beschneidung) erteilen‹«. – Und also tat er. (Sohar II, 190 a.) Die ganze innere Geschichte des ewigen Volkes erscheint also eigentlich wie eine Kette mehr oder minder bewusster Kämpfe der beiden Richtungen. Der Kampf wurde gewöhnlich mit einem Kompromiss abgeschlossen, welches in der prähistorischen Zeit neue Gesetze und neue Symbole zu den schon bestehenden hinzufügte. Dabei greift der von Freud sogenannte »Ödipus-Komplex« und der Todesgedanke mächtig ein und so ist die gesamte jüdische Gesetzgebung eigentlich vom Eros präformiert, ehe sie durch die Offenbarung die göttliche Sanktion erhält. (Auch der für das Entstehen aller Religionen so wichtige Todesgedanke ist mit dem Erotischen eng verbunden, wie wir noch sehen werden. – Den engen Zusammenhang der Erotik mit der Lehre des Judentums hat übrigens Max Brod in seinem interessanten Werk Heidentum, Christentum, Judentum dank seiner dichterischen Intuition aus dem Hohen Lied und dessen Auffassung bei den Rabbinern sehr richtig erkannt.)

Verfolgen wir nun die Konflikte von den »edlen« Feindseligkeiten bei Luzattos Gegnern über die in der talmudischen Zeit schon schwerer verfolgten und auch radikaleren Essener, über Gib'ah bis nach Sodoma und bis vor die Sintflut, so sehen wir, dass die Kämpfe, je weiter wir in die Vorzeit vorrücken, desto größere Verheerungen hinterließen und auch stärkere

Wünsche nach Frieden nach sich ziehen mochten, denen wieder entsprechende Fülle von Gesetzen und symbolischen Gebräuchen folgte. Dass diese Symbole etwas Irrationales, Wunderbares, ja Göttliches an sich haben, wissen alle, die sie bis zu diesem Tage treu erfüllen. – Sie strahlen die himmlischen Kräfte, die sich in sie verkörpert haben, ewig aus. Die ganze Tora ist lange vor der Tora-Offenbarung entstanden. (Dieser Satz, welcher der modernen Archäologie entspricht, kann selbst durch viele biblische und talmudische Stellen gestützt werden.) Die Offenbarung bestand bloß darin, dass die Gesetze und die mysteriösen, symbolischen Gebräuche, die gehandhabt wurden und deren Inhalt bereits vergessen worden ist oder die Schwelle des menschlichen Bewusstsein überhaupt nie überschritten hat, durch neue Inhalte gefüllt wurden. (Die Erinnerung an die wunderbare Herausführung der Nation aus der ägyptischen Sklaverei, die Weltschöpfung, Bund Gottes mit den Vätern u.a. – Siehe auch Majmonides More Newuchim III, Kap. 32) Aus den am Sinai ringenden, zueinanderstrebenden Naturelementen erhielten sie eine göttliche Sanktion, eine Bestätigung, dass sie dem geheimnisvollen Schöpfungsplane vollständig entsprechen. Es darf ihnen daher selbstverständlich auch ihre übernatürliche, magische und heilige Bedeutung dadurch nicht in Abrede gestellt werden, sowie man den Blumen und Früchten, die aus viel unschönerem Dünger wachsen, ihre Schönheit und Nützlichkeit nicht absprechen kann. Steigen ja die Gesetze aus den Tiefen des Unbewussten empor, aus den Urquellen alles Hellsehens.

Es sei hier des schönen Sohar-Wortes gedacht: »... und als wir uns des Morgens (– nach dem gemeinsamen nächtlichen Tora-Studium –) aufrichteten – die Düfte des Feldes und die Wasserströme, sie strömten uns die Tora zu ...«

Wenn der moderne hebräische Dichter Saul Tschernichovski über sein Volk spottet, es habe das Göttliche »in die Gebetriemen gefesselt«, so hat er wohl das tiefe Geheimnis der Gebote in gewissem Sinne erraten. Aber das Spotten ist nicht am Platze. Denn im Gegenteil: Die Kraft der »Gebetriemen«, die das Göttliche zu »fesseln« vermochte, ist der höchsten Bewunderung würdig. Mit Unrecht glaubt man ja, dass ein zügelloses, in irgendeiner Richtung ins Extrem getriebenes Leben, ein Zeichen innerer Kraft ist. Im Gegenteil: jede extrem leidenschaftliche Lebensweise oder Ideologie ist in all ihrer Tragik eigentlich Symptom einer geistigen Unsicherheit oder sonst einer inneren Schwäche. Einen glücklichen Kompromiss zu finden, solange die Energien noch nicht vergeudet wurden, ist hingegen das Schwerste was es gibt. Es ist immer ein Werk besonderer Geistestiefe und unerschrockenen Lebenswillens. Darum gelingt es aber auch nur den Edelsten unter den Menschen und Rassen.

Der Sieg, welchen die Frau und ihre Freunde, die ja immer die Majorität der Menschheit bilden, in den tausendjährigen Kämpfen errangen, besteht vor allem darin, dass der sexuelle Verkehr zweier Männer mit dem Tode geahndet wird (Lev. 20, 13) – nach dem Talmud (Sanhedrin 5, 55) allerdings nur, falls er in anum geschieht – dass ferner die Ehe zu allgemeiner Pflicht gemacht wird und dass alle aus dem Gesetze »du wirst deinen Freund lieben wie dich selbst« direkt folgenden Verpflichtungen auch auf die Frau appliziert werden. Die Erweiterung der Nächstenliebe auf die Frau ist nur ein Anfang gewesen. Sie erfolgt bald auf alle Menschen überhaupt, auch auf Nichtjuden (siehe z.B. Bereschith Rabba 5), dann auf alle Lebewesen (»zaar baalechajim«, der Sohar verbietet sogar die unnötige Tötung der giftigen Schlange), ja sogar auch auf leblose Gegenstände (»bal taschchith«), wie es vielleicht sonst in keiner Religion der Welt der Fall ist. – Aber auch die mannmännliche Richtung errang ganz erhebliche Siege. Denn, wenn sie an Zahl ihrer Träger kleiner ist, so ist sie dafür viel intensiver. Dies hat schon der Prager Hohe Rabbi Lew erkannt, indem er die Ansicht vertritt, dass ein Mann, der von der Leidenschaft nach dem Beischlaf mit einem anderen Manne einmal betroffen wurde, sich überhaupt nicht mehr zu bändigen weiß, während die Gier nach dem Weibe viel schwächer sei. (»Gur Arje« Kap. Wajigasch.) Als solcher Sieg der mannmännlichen Richtung muss neben dem Gebote der Freundesliebe vor allem die Einschränkung der Rechte der Frau im Ritus angesehen werden. Alle »Gebote, die an den Zeitwechsel gebunden sind«, obliegen der Frau nicht. Einige von ihnen sind ihr direkt untersagt (z.B. die Gebetriemen), so dass es scheint, als ob sie urspünglich direkt als Kennzeichen der Zugehörigkeit zu der männlichen Gesellschaft gegolten hätten. Dies mag vielleicht auch der Grund gewesen sein, warum alle Knaben von den Gesetzen befreit sind, solange sie das Alter von dreizehn Jahren nicht erreicht haben. Erst dann nimmt man nämlich an, dass sie am Geschlechtsgliede mindestens die ersten Haare bekommen haben und so Männer geworden sind. Die Araber – ähnlich wie die australischen und afrikanischen Naturvölker – beschneiden aus demselben Grunde ihre Söhne bis heute erst in diesem vorgeschrittenen Alter. (Siehe Reik, Das Schophar) Dass es die Frau war, welche den ersten Mann zur Sünde gebracht und dadurch die ganze Menschheit ins Unglück gestürzt hat, kann allen Frauen nie vergessen werden (vgl. Luzattos Ansicht über die Frau und seine männlicherotische Neigung), trotz der großen Verdienste, die sich viele »gerechte Frauen« nach Talmud und Midrasch um die Welt erworben haben. Auch der bereits erwähnte talmudische Satz, der Geschlechtsakt solle so kurz und widerwillig sein, »wie wenn jemanden der böse Geist genötigt hätte«, u.a. ist gewiss als der Sieg männlicher Erotik anzusehen.

Ich wiederhole also nochmals: Wir sehen, dass der Eros der Bote ist, durch welchen uns Gott die Tora noch vor der sinaitischen Offenbarung geschickt hat.

Dieses Ergebnis unserer bisherigen Untersuchung entspricht vollkommen sowohl der jüdischen Überlieferung, wie sie uns im Talmud, Midrasch und Sohar erhalten ist, als auch der modernen psychoanalytischen und archäologischen Forschung.

Dass die Tora neben der Liebe auch dem Kampfe, also der zerstörenden Gewalt entsprießt, drückt der Sohar ebenfalls aus, indem er meint, sie werde durch die S'phirah »G'bhurah« (Gewalt) emaniert. Der Talmud vergleicht die Tora einerseits mit Wasser, welches ihm ein Symbol der Gnade und der Liebe ist, und andererseits mit Feuer, das ihm die zerstörende Gewalt darstellt. Die kabbalistische Version ist auch in diesem Falle zutreffender, da ja die Kabbala lehrt, dass die S'phirah G'bhurah (Gewalt), von der hier die Rede ist, von der höheren S'phirah Chessed (Gnade, Liebe) erzeugt wurde. –

Die öffentliche Meinung, die so entstanden ist, wirkt selbstverständlich auch auf jedes Individuum mehr oder weniger einschränkend ein, indem sie von jedem einzelnen verlangt, er möge sich der Gesetzesgewalt unterwerfen, die ja vor allem deshalb da ist, um seine sexuellen Neigungen zu bändigen und sie mit der Idee der Gemeinschaft und ihrer Erhaltung in Einklang zu bringen. Die Tragik, welche diese Einschränkung für jedes Individuum mit sich bringt, wächst naturgemäß proportional mit der Stärke seiner Triebe. Der Chassid, welcher fast fortwährend zwischen dem Dilemma der »Pflicht« und des Triebes, zwischen seiner Frau und der »Chewre« hin und her pendelt, darf gewiss als ein Prototyp dieser Tragik hingestellt werden. Die alte Agadah hat uns ein schönes Beispiel dieses Konfliktes hinterlassen. Es ist die Geschichte Josephs in Ägypten. Die Bibel berichtet, Joseph sei von der Frau Potiphars zum Beischlaf verlangt worden. Aber die talmudischen Weisen wissen uns zu berichten (Sota 13), dass Joseph auch von Potiphar selbst zum gleichgeschlechtlichen Verkehr aufgefordert worden sei. Was geschah aber? Joseph kann weder dem Wunsche des ihn liebenden Herrn noch auch dem seiner Herrin Folge leisten. Jedoch auch dazu wissen uns die talmudischen Weisen eine interessante Ergänzung zu überliefern. Wenn es auch Joseph gelang, sein Geschlechtsglied vor der Sünde zu schützen – vollkommene Reinheit konnte er doch nicht wahren. Denn, also erzählen die Weisen, zehn Tropfen des Menschensamens schied Joseph zwischen seinen zehn Fingern aus dem Körper aus. Das heißt: Findet der Eros nicht die Möglichkeit eines natürlichen Auslebens, sucht er sich die unmöglichsten Wege aus, um aus seinem Gefängnisse befreit zu werden. Verkörperte er sich im Altertum in die Tora – verkleidet er sich im Mittelalter in die Kabbala. Die zehn Tropfen des Menschensamens, welche Joseph vergossen hatte, sind zu den zehn S'phiroth der Kabbala geworden.

Die Kabbala nennt den Eros »I'sod« d.h. der Grund, der Grund ihrer ganzen Lehre und der Grund der Schöpfung. Er verbindet die beiden großen Prinzipien, die im Leben des einzelnen und der Gemeinschaft und des

Weltalls eine so große Rolle spielen, das »Männliche« – in der Kabbala »Duchra« genannt, welches mit der S'phirah »Tiph'ereth« (Schönheit) identisch ist und das »Weibliche« – »Nukba«, das mit der S'phirah »Malchuth« (Herrschaft) eins ist. »Alle (geschlechtliche) Verbindung (Siwug) geschieht durch I'sod.« (Sohar III, 286 a.)

Der »I'sod« ist es, welcher »die zwei Freunde« die S'phiroth »Nezach« (Sieg, Ewigkeit) und »Hod« (Majestät) vereinigt. Er ist aber auch ein Übergang zwischen der Erde (nach der Kabbala ist die Erde eine Erscheinungsgestalt der S'phirah Malchuth) mit dem Himmel (Tiph'ereth), die Leiter, welche Jakob im Traume gesehen hat und auf deren höchster Stufe Gott steht. (Sohar Wajeze.) Joseph ist eine Verkörperung I'sods (z.B. Sohar Majigasch). Am menschlichen Körper ist Tiph'ereth durch den Oberleib, Nezach-Hod durch die beiden Füße, I'sod durch das Geschlechtsglied, Malchuth durch den Mund vertreten. (Tikunim Pathach Eliahu.) Auf der Erde stellt Zion den I'sod dar (siehe z.B. »S'phath Emeth« von R. Menachem Asarija aus Fano; Druck Lubatschow 1898) –

Der I'sod ist »die Öffnung der Lebensquelle, aus der alle Erquickung für das All hervorquillt und weil er die Quelle, nach dem Geheimnis des Zeichens der Beschneidung ist, wird er ›der Gesegnete‹ genannt ...« (Sohar II, 135.) – »Der die Gesetze schafft, das ist I'sod« (Sohar III, 286 a.) »Gedenke des Sabbat-Tages, um ihn zu heiligen! – Dies ist das Geheimnis des Heiligen Bundes (Beschneidung), und da auf diesem ›Bunde‹ alle Organe des Körpers bestehen und er eine Zusammenfassung aller ist, ist auch der Sabbat (nach dem Talmud) eine Zusammenfassung der ganzen Tora und alle Geheimnisse der Tora hängen mit ihm zusammen. Darum, wer den Sabbat hält, ist wie einer, der die ganze Tora hält« (Sohar II, 92). – Also auch hier wird Eros als der geheime Urgrund der ganzen Lehre bezeichnet.[11]

VII.

DIE EROTIK DER SCHRIFT UND DER SPRACHE

Unter den vielen Gebieten der Kabbala ist das scheinbar Groteskeste, Unzugänglichste das in vielfacher Form auftretende Reich der Buchstaben- und Zahlenkombinationen. – Es ist sehr töricht, diese mit dem ganzen Pathos tiefen Erlebnisses auftretenden Partien der Kabbala als müßige Buchstabenspielerei, Aberglauben usw. abzutun. Mit solcher Kritik, die noch bis vor kurzem gang und gäbe war, wird kein Licht in die Vorgänge gebracht, die in den Seelen der Kabbalabeflissenen diese merkwürdigen, uns unverständlichen Gedankenketten hervorgebracht und mit so leidenschaftlicher Forscher- und Entdeckerfreude ausgestattet haben. Als völlig sinnlos erklären, was ganze Generationen als eine der wichtigsten Aufgaben der Seele, als Erlauschung der tiefsten Geheimnisse betrachtet haben und betrachten: dagegen sträubt sich etwas in uns. – Und doch stehen wir, selbst wenn wir besten Willens sind, zunächst ganz ratlos vor der unbegreiflich hohen Verehrung, die Sprache und Buchstabe in der Kabbala genießen.

Man bedenke: den Buchstaben wird da eine besondere, übernatürliche Wirkungskraft beigemessen. Sie sind es, durch welche Gott die Welt erschaffen hat, ja schon zweitausend Jahre vor ihrem Erschaffen war die Heilige Lehre mit den 22 Buchstaben der hebräischen Schrift als »schwarzes Feuer auf weißem Feuer« geschrieben. Die Buchstaben sind lebendige überirdische Wesen, die mit Gott sprechen können. Nach der Kabbala deutet jeder Buchstabe in seiner Weise auf den vierbuchstabigen Gottesnamen hin (siehe »Midrasch Talpioth«). Nach einem Ausspruch des großen Baal-Schem hat Gott selbst sich in den 22 Buchstaben der Tora verkörpert. – Demgegenüber meint das apokryphe Buch »Henoch«, die Schrift sei Erfindung eines bösen Engels ...

Mit den auf solche Art zu höchster Bedeutung gelangten Buchstaben nimmt nun die Kabbala (in geringerem Maße aber auch andere rabbinische Schriften) eine Reihe höchst seltsamer Kombinationen und Deutungen vor. Eine dieser Methoden besteht darin, dass irgendein Ausdruck aus der Heiligen Schrift herausgegriffen wird, seine Buchstaben anders gruppiert werden und zwar dergestalt, dass aus ihnen ein Wort oder zwei Wörter mit einer ganz anderen Bedeutung entstehen, worauf der ganze Bibelvers so gedeutet wird, als ob in ihm nicht das ursprüngliche, sondern das neugebildete Wort stünde. Das ganze Verfahren wirkt etwa so, als ob jeder Konsonant (im Hebräischen werden gewöhnlich nur die Konsonanten geschrieben, da sie in den semitischen Sprachen tatsächlich den Kern der Wörter bilden) einen eigenen, abstrakten Sinn hätte, ein Urelement der Sprache wäre, welches wohl an und für sich unfassbar ist, jedoch durch Verbindung mit einem zweiten Konsonanten begrenzt, einen menschlichen Sinn ergibt. Die Methode der Buchstabenkombinationen ist demnach eine Art chemischer Analyse und Umgruppierung der so gewonnenen Atome der geschriebenen Sprache. So ist z.B. das ganze kabbalistische Werk »Tikune Hasohar« eine tiefsinnige Erklärung der verschiedenen Buchstabenkombinationen des ersten Bibelwortes: BR'SchIT (gelesen Bereschit d.h. am Anfang). Dieses Wort wird umgewandelt in: BTR'SchI (Bat-Roschi, Tochter meines Hauptes), BRIT-'Sch (B'rit-Esch, Feuer-Bund), BIT-R'Sch (Bajit-Rosch, Haupt des Hauses), BR'-SchIT (Bara SchIT, er schuf sechs) usw.

Eine andere Methode, die den Namen, »Gematria« führt, ist noch viel sonderbarer. Da nämlich im Hebräischen die Ziffern seit jeher durch die 22 Buchstaben des hebräischen Alphabets bezeichnet werden – und zwar stellen die neun ersten Buchstaben die neun einfachen Zahlen, die neun weiteren die Zehner und die vier letzten die Hunderter dar – so betrachtet die »Gematria« jedes Wort, als ob es nicht aus Konsonantenzeichen, sondern aus Ziffern bestehen würde, addiert seine Ziffern-Buchstaben, und bringt dann das so behandelte Wort in eine geheime Beziehung mit anderen ganz anders lautenden und ganz andere Bedeutungen besitzenden Wörtern, welche als Ziffern-Buchstaben die gleiche Summe ergeben haben wie das erste Wort[12]). So rät z.B. Rabbi Elimelech aus Lischensk, man möge essen »zwecks Vereinigung

Gottes mit Seiner Herrlichkeit«. Da nun der Ziffernwert des Tetragramaton (der vierbuchstabige Gottesname), welches nach der Kabbala Gott als den höchsten Darsteller des männlichen Prinzips bezeichnet, in der »Gematria« 26 beträgt (Jod = 10, He = 5, Waw = 6, He = 5) und da ferner der Ziffernwert des Namens Adonaj (Herr, Herrscher), welcher die »Herrlichkeit Gottes« (Schechinah) als höchste Darstellung des Weiblichen bezeichnet, in der »Gematria« 65 gilt (Aleph = 1, Dalet = 4, Nun = 50, Jod = 10), so solle man sich während des Essens die Buchstaben des Wortes Maachal (Speise) vorstellen, da dessen Zahleninhalt 91 (Mem = 40, Aleph = 1, Kaph = 20, Lamed = 30) der summaren »Vereinigung« der beiden Gottesnamen (26 + 65) gleich ist. (Das Essen als Symbol der geschlechtlichen »Vereinigung« wird schon in der Bibel und der altertümlichen rabbinischen Literatur gebraucht.) –

Für den ersten Anblick sind, wie gesagt, diese zwei Methoden (und alle ähnlichen) undurchdringlich.

Wir müssen weit ausholen, um wenigstens irgendeinen Anhaltspunkt für ihr Verständnis zu finden: bis an den Ursprung der Schrift und ihren Zusammenhang mit der Sprache.

Die Ägypter, Assyrier und Chinesen, ebenso wie die amerikanischen Völkerschaften haben alle Objekte in ihrer Schrift durch Abbildungen bezeichnet. Mittels Abbildungen von materiellen Gegenständen bezeichneten sie aber auch abstrakte Begriffe und verschiedene Handlungen, sei es, dass sie zwischen beiden manchmal gewisse Ähnlichkeiten erblickten oder sich von einer zufälligen phonetischen Ähnlichkeit des Namens eines abstrakten Begriffes oder einer Tätigkeit mit dem Namen eines materiellen Objektes zu derartigen Darstellungen verführen ließen.[13] Jedoch nur die Ägypter sind dieser Bilderschrift, den Hieroglyphen, treu geblieben. Die Assyrier, Babylonier und die Chinesen entfernten sich recht bald davon, indem sie das ursprüngliche Aussehen der Hieroglyphen verwischten und sie im Laufe der Zeit in Ideogramme verwandelt haben, welche aus gewissen geometrisch-kalligraphischen stereotypen Zeichen bestehend, mit der ursprünglichen Hieroglyphe so gut wie keine Ähnlichkeit haben. Ja in den meisten Fällen sind wir heute überhaupt nicht mehr imstande, im Ideogramm die ursprüngliche Hieroglyphe zu erkennen (siehe Fr. Delitzschs »Entstehung der Keilschrift«, 1897). Es ist meiner Ansicht nach dieser Vorgang, durch den ja die Schrift kolossal erschwert worden ist – die einfachen Linien der Hieroglyphen wurden durch kompliziertere Keilformen, die infolge ihrer Ähnlichkeit mit wirklichen Gegenständen mnemotechnisch praktischen Hieroglyphen durch sinnlose (?) Zeichnungen verdrängt – nur mit Hilfe der Psychoanalyse durch eine Art von Zwangshandlungen der Schreiber zu erklären. Die bisherige Erklärung dieser Änderung der Schreibweise durch das Schreibmaterial ist lächerlich flach und wird schon durch die einfachen Einwände hinfällig, dass man doch auch auf Ton recht lange Hieroglyphen zeichnen konnte und dass man andererseits sowohl in Mesopotamien als auch in China bei vollkommen verschiedenen Schreibmitteln zu ähnlichen kalligraphischen Keilformen gelangt ist. Ich glaube vielmehr, dass sich die Alten absichtlich solche Schreibmaterialien wählten, welche die Bildung der Keilformen förderten oder gar notwendig machten.

Wollen wir nun die Annahme aufrechterhalten, dass hierbei vor allem Zwangshandlungen im Spiel waren (d.h., dass die schriftlich zu fixierenden Begriffe im Unbewussten des Schreibers neurotische Gefühle auslösten, die ihn zwangen, nicht so sehr das objektive Aussehen der gezeichneten Gegenstände darzustellen als vielmehr seine subjektiven, intimsten Regungen zu verraten), so müssen wir versuchen, das Geheimnis der charakteristischen Keilform selbst zu durchdringen.

Vorher sei jedoch auf die in die Augen springende formelle Ähnlichkeit der Keilschrift und der hebräischen sogenannten Meruba-Schrift hingewiesen. Die Ähnlichkeit zwischen beiden ist äußerlich so groß, dass ein Laie beim Anblick alter jüdischen Grabsteine und Keilschrift-Tontafeln die in der Tat zwischen beiden Systemen bestehende grundsätzliche Verschiedenheit kaum erkennen wird. Aber auch der Sachverständige kann die Ähnlichkeit zwischen dem Keil und dem Grund-Buchstaben Waw (Nagel), der ja den ganzen eigentümlichen Charakter der hebräischen Schrift angibt, nicht außer acht lassen. Diese Ähnlichkeit ist befremdend auch dann, wenn wir die Ansicht beibehalten wollen, die hebräische Schrift Meruba sei aus der Keilschrift entstanden; denn aus welchem Grunde sind die Hebräer dieser ziemlich umständlichen Schreibweise treu geblieben? Umso sonderbarer erscheint jedoch diese Ähnlichkeit mit der Keilschrift bei Annahme der Ansicht, dass die hebräische Schrift aus den ägyptischen Hieroglyphen oder aus einer anderen Schrift abzuleiten sei; denn was mag dann in diesem Falle der letzte Grund der formalen Annäherung an die Keilschrift gewesen sein? Das Streben nach Stilisation, nach Anpassung an die damals »moderne« Schrift kann schwerlich als der letzte Grund hiervon bezeichnet werden; denn wie vorher bleibt auch jetzt die Frage offen: worin liegt eben diese große Anziehungskraft der Keilform (der u.a. auch die alten Perser eine auffallende Treue bewahrt haben)?

Ganz besonders aufschlussreich würde es wohl für unsere Betrachtung sein, wenn es uns gelänge, die eigentliche Bedeutung eines einfachen Keiles in der Psyche der alten Erfinder der Keilschrift zu eruieren. Wir wollen es im nachstehenden versuchen und einige Zusammenhänge aufzeigen, die bisher nicht beachtet worden sind.

Zwecks Erleichterung des Lesens war es bei der Keilschrift – analog den ägyptischen Hieroglyphen – üblich, vor gewisse Wörter Determinativa zu setzen, d.h. eigene Ideogramme, durch welche man sofort die Gattung des ihnen folgenden Wortes erkennen kann. So gibt es z.B. ein Determinativ, welches bedeutet, dass das nachstehende Wort der Name eines Landes ist, ein anderes Determinativ besagt, dass ihm der Name eines Gottes folgt. Den Namen der Männer wird als Determinativ ein einfaches senkrechtes Keilzeichen vorangesetzt. Unwillkürlich drängt sich die Frage auf: Warum bezeichnet gerade ein einfacher Keil das Männliche? Die Antwort ist sehr naheliegend: In den alten sumerischen Hieroglyphen, aus denen, wie bekannt, die Keilschrift entstanden ist, wurde der Mann durch ein senkrecht gezeichnetes Glied symbolisiert. Der einfache Keil als Determinativ für Namen männlicher Personen ist darum nichts anderes als eine simple Darstellung des männlichen Gliedes. Dass diese Annahme (trotz der Auffassung von Delitzsch, dass dieses Determinativ von der Ziffer 1 hergeleitet sei) vollkommen berechtigt ist, hat wohl in dem Umstände den besten Beleg, dass auch das Determinativ, welches die weiblichen Namen einleitet, ganz klar seine Entstehung aus der alten sumerischen Hieroglyphe für Weib (sal) verrät. Das Weib wurde nämlich im Sumerischen – analog mit der Darstellung des Mannes – durch eine primitive Aufzeichnung des weiblichen Geschlechtsorgans symbolisiert, nämlich durch ein beinahe rechtwinkliges Dreieck mit einem kurzen Strich in der Mitte; und die Ähnlichkeit des weiblichen Determinativs mit diesem sumerischen Zeichen ist gleichfalls eine unzweifelhafte.

Ganz ähnlich verhält sich's nun auch mit der hebräischen Meruba-Schrift. Wir erkennen auch in ihr auf den ersten Blick die beiden elementaren Formen: die »männliche« in den Keil- oder nageiförmigen Buchstaben (z.B. Waw, Sajin, Schin u.a.) und die »weibliche« in der Breite der quadratischen Buchstaben (z.B. He, Daleth u.a.). Dass die Breite hier tatsächlich die Weiblichkeit kennzeichnet, erhellt daraus, dass der ss-Laut Ssamech in allen palästinensischen Inschriften einfach mit einem Dreieck des sumerischen sal (Weib) bezeichnet ist, dass er noch bis zum heutigen Tage von den levantinischen Juden ähnlich geschrieben wird und dass nur das westliche Judentum dieses Zeichen (offenbar erst nach längerer Entwicklung) unten abgerundet und so in die Breite gezogen hat. Der Gedanke, dass zwischen der Schrift und der Sexualität irgendein Zusammenhang besteht, war übrigens den alten jüdischen Denkern nie ganz fremd. Schon der uralte »Midrasch« – Rabbi Tanchuma – sieht in dem kleinen Buchstaben Jod das »Zeichen der Beschneidung«. Die kabbalistischen Schriften sind darin alle einig, dass gewisse schlanke Buchstaben das männliche, die breiten das weibliche Prinzip darstellen. Der dreieckige (später runde) Buchstabe Ssamech gilt im Buche Sohar als ein böser Buchstabe und wird möglichst gemieden. So ist z.B. in dem uralten erhabenen Sabbath-Hymnus »El Adon«, dessen Verse alphabetische Ordnung haben, an der Stelle, wo nach der Reihe ein Vers stehen sollte, welcher mit Ssamech anfängt, ein mit dem ähnlich auszusprechenden Buchstaben Ssin beginnender Vers gesetzt worden. Es darf nun auch die interessante Tatsache nicht unbeachtet bleiben, dass alle Buchstaben im Alphabet paarweise geordnet folgen, dergestalt, dass ein Buchstabe, der entweder durch seine Nagel-Ähnlichkeit oder durch seine Länge an das Männliche erinnert, neben einem Buchstaben steht, welcher die Breite der keilschriftlichen Weiblichkeit andeutet. Merkwürdig ist ferner, dass der Name Meruba-Schrift, den man gewöhnlich in Zusammenhang mit dem Worte arba (vier) bringt und ziemlich unberechtigt mit »Quadrat«-Schrift übersetzt, eigentlich eine Pual-Form des Verbums raboa ist, welches aber im Hebräischen (und ähnlich auch im Aramäischen) den geschlechtlichen Verkehr ausdrückt (z.B. Lev. XIX, 23). Es ist demnach nicht ganz richtig, wenn Heinrich Heine meint (Hebräische Melodien, »Jehuda ben Halevi«), der Grund der Sympathie, welcher sich die hebräischen Lettern bei Kindern erfreuen, sei der, dass sie aus dem »Kindesalter der Menschheit« stammen. Die eigentliche Ursache der kindlichen Vorliebe ist in Wirklichkeit die, dass das Kind in den hebräischen Buchstaben eben die sexuellen Symbole findet, die es überall so gerne sucht, wie uns Sigmund Freud gezeigt hat. (Diese Errungenschaft der Psychologie wäre wohl für die alten Kabbalisten kaum ein Novum gewesen, denn das Kind galt ihnen merkwürdigerweise – im Gegensatze zu anderen ähnlich alten Lehren – nicht als Prototyp der »sittlichen Reinheit«. R. Mosche Chajim Luzatto schreibt in seinem »Olach«, der Mensch sei in seiner Jugend vom bösen Geiste beherrscht. Ähnliches finden wir auch im Sohar-Wajeschebb.)

Nun können wir aber auch verstehen, wieso Gott als in der Meruba-Schrift verkörpert angesehen werden kann. Lehrt doch die Kabbala, dass die drei für das menschliche Schicksal so bedeutungsvollen Prinzipien: das Ewig-Männliche (im Sohar Duchra genannt), das Ewig-Weibliche (Nukba) und der Eros, die ja nach dem soeben Ausgeführten auch das Aussehen der Schrift bestimmt haben, mit den drei himmlischen Gewalten (S'phiroth): Tiph'ereth (Pracht), Malchuth (Herrschaft) und I'sod (Urgrund) identisch sind und dass diese S'phiroth nur verschiedene »Gewänder« der unendlichen Substanz Gottes darstellen. Ja ausdrücklich nennt die Kabbala die Stimme (Qol), die Sprache (Dibur) und den Buchstaben (Oth) unter den vielen lebendigen Symbolen dieser drei göttlichen Prinzipien. (Siehe das Buch S'phath Emeth) Merkwürdigerweise wird auch in der Keilschrift der Gott Aschur durch einen einfachen Keil bezeichnet. Dass schließlich die Schrift auch als Produkt eines bösen Engels angesehen werden darf (siehe das Buch Henoch) ist nach dem soeben Ausgeführten klar. Denn dass Eros auch als böser Engel wirkend werden kann, wird niemanden von den »durch die Geheime Weisheit Begnadeten« (sonst ein Ehrentitel der Kabbalisten) unbekannt sein ...

Hat nun aber die Prüfung der graphischen Darstellung des menschlichen Gedankens gezeigt, dass es sich in dem innersten Innern des Menschen nicht so sehr darum handelt, sein äußeres als sein inneres Leben zum Ausdruck zu bringen, so gilt dies wohl in einem noch viel größeren Maße von dem älteren und kraftvolleren Verständigungsmittel – von dem gesprochenen Worte. Tatsächlich hat auch die Psychoanalyse unbestreitbare Fortschritte in bezug auf das Problem der Sprachenentstehung gemacht, die dahin gehen, dass sich die Sprache offenbar aus dem unartikulierten Geschrei, welches der Ur-Mann und das Ur-Weib im Entbrennen der geschlechtlichen Leidenschaften von sich gaben, im Laufe der Jahrtausende durch sukzessives Trennen und Differenzieren der Laute und durch Verschiebungen und Verdrängungen ihrer ursprünglichen sexuellen Bedeutungen entwickelt hat.

Auch die alten Talmudisten scheinen dies in ihrem Scharfsinn und unerschrockenem Mute, der Wahrheit ins Gesicht zu schauen, geahnt zu haben, da sie die Schöpfung, die Sprache und den Eros in Zusammenhang brachten.

Sie sagten über die Bibelstelle Gen. II, 23 (Diese wird Frau (Ischah) genannt, denn aus dem Manne (Isch) ist sie genommen worden ... darum verlässt der Mann seinen Vater und seine Mutter und schließt sich an sein Weib an, und sie werden ein Fleisch): »Ein Ausdruck passt zum anderen (Ich-Ischah, Mann-Frau); da ist ein Beweis, dass die Welt in der Heiligen Sprache (Hebräisch) erschaffen wurde.« (Siehe Raschi dort) – In anderen Sprachen sind nämlich die Ausdrücke für Mann und Frau verschiedenen Stammes.

Ist nun die Kristallisierung der Hieroglyphen in Keile ein Produkt des sexuellen Genius des Menschen, so muss wohl dasselbe auch von der Entstehung der Konsonanten der Sprache aus dem undifferenzierten Lallen des Urmenschen gelten. Es ist demnach das Anwenden des Alphabets statt der Hieroglyphen nicht, wie Hans Blüher meint, eine Dekadenz-Erscheinung oder gar eine Erfindung des »praktischen« Sinnes eines phönizischen Kaufmannes, sondern nur eine notwendige graphische Darstellung des tiefen psychischen Differenzierungsvorganges, dem wir auch das Entstehen der Sprache zu verdanken haben.

Da aber die einzelnen Konsonanten gleichsam als Kristalle des ursprünglich chaotisch einheitlichen Geschreies des Eros betrachtet werden dürfen, so müssen wir auch annehmen, dass jeder Konsonant eine bestimmte Valenz der sexuellen Ausdrucksenergie in sich schließt, die einer bestimmten inneren Lustspannung entspricht. Es ist selbstverständlich, dass die Konsonanten außer den verschiedenen Graden erotischer Spannungen auch andere mitvibrierende Momente des Sexuallebens ausdrücken je nach ihrer phonetischen Ähnlichkeit mit gewissen Geräuschen oder je nach der Stelle im Sprechorganismus, die zu ihrem Hervorbringen dient. Jedoch die Verschiedenheit in den einzelnen Energiegraden, welche zu dem Erzeugen der leichter oder schwerer aussprechbaren Konsonanten erforderlich sind, setzt ein Vorhandensein entsprechend verschieden hoher erotischer Lustspannungen unbedingt voraus. Wären wir nun imstande, die Höhen der Spannungen, welche durch das Hervorbringen der einzelnen Konsonanten zum Ausdruck kommen, zu messen, so könnten wir beispielsweise sagen, dass ein Wort X, das aus drei Konsonanten besteht, welche Spannungen von den Höhen A+B+C ausdrücken, an gesamtem Spannungsinhalt einem Wort Y gleichkommt, welches die Spannungshöhen

$$\left(\frac{a}{2}\right)+\left(\frac{b}{2}\right)+\left(\frac{A}{2}\right)+\left(\frac{c}{2}\right)+\left(\frac{b}{2}\right)+\left(\frac{c}{2}\right)$$

entsprechend durch sechs ganz andere Konsonanten zum Ausdruck bringt. Wir brauchen also nur eine Art Skala aller Konsonanten herzustellen, die mit dem am leichtesten aussprechbaren Konsonanten beginnen und mit dem am schwierigsten aussprechbaren enden würde, – um die »Gematria« (übersetzen wir dieses mystische Wort: Suchen nach verschiedenen Wörtern, die einen gleichen geheimen Gesamtinhalt von erotischen Lustspannungen haben) verlässlich durchführen zu können, unter der Voraussetzung natürlich, dass die Konsonanten alle Schattierungen von erotischen Spannungshöhen des Ur-Menschen repräsentieren, was ja nach dem, was über ihr Entstehen gesagt wurde, nicht als unwahrscheinlich erscheint.

Eine derartige Skala bot sich den Kabbalisten in der seit uralter Zeit überlieferten Anordnung des hebräischen Alphabets. Es ist wohl für uns schon darum nicht leicht, eine ganz genaue Graduierung der Konsonanten nach der Schwierigkeit ihrer Aussprache zu finden, weil diese Schwierigkeit oft bei einzelnen Individuen ziemlich variiert und weil wir ferner die genaue Aussprache der Konsonanten zur Zeit des Entstehens ihrer alphabetischen Reihenfolge schwerlich konstatieren und reproduzieren könnten. Eines ist aber über allen Zweifel erhaben: die Buchstaben, welche am Anfange des Alphabets stehen, (die Einser) sind unvergleichlich leichter aussprechbar als die von ihnen im Alphabet am meisten entfernten (die Hunderter) (Wuttke: Die Entstehung der Schrift, Leipzig 1878), die so schwer aussprechbar sind (auch heute noch, in der orientalischen jüdischen Aussprache), dass sie wie aus mehreren Lauten synthetisch verschmolzen erscheinen und in anderen semitischen Sprachen tatsächlich in mehrere Konsonanten zerfallen. Die mittleren Konsonanten (die Zehner): j, k, l, m, n stellen demzufolge einen Übergang dar. Die Ordnung des Alphabets unterliegt wohl auch anderen Prinzipien als der Schwierigkeit der Aussprache. So sind z.B. (nach Wuttke) zwei Konsonanten, welche durch dieselbe Stelle im Sprachorganismus ausgesprochen werden, nicht nebeneinander gestellt (vielleicht mit Ausnahme der zwei letzten: sch, th), was übrigens auch als ein Beweis des Vorhandenseins der erotischen Kräfte im Alphabet gelten dürfte, wenn wir uns an das anologe Bestreben in ihrer schriftlichen Darstellung erinnern: je einen schlanken Buchstaben neben einem breiten paarweise zu ordnen. Hingegen erscheinen die ähnlich auszusprechenden Konsonanten in gleichen Intervallen voneinander entfernt (Faulmann: Das Buch der Schrift), weshalb z.B. das h an die fünfte Stelle verdrängt wurde. – Aber dies alles braucht nicht als eine

Störung in der skalaartigen Reihenfolge der durch die einzelnen Konsonanten repräsentierten Spannungen betrachtet zu werden. Denn wie bereits erwähnt wurde, werden die verschiedenen Spannungshöhen außer durch den Energieaufwand bei ihrer Aussprache, auch durch andere Mittel, z.B. durch phonetische Nachahmung erotischer Handlungen usw. demonstriert bzw. auch ausgelöst, was wohl bei ihrer Einreihung im Alphabet mitbestimmend gewesen mag.

Die Gematria will also Worte gleichen Zahlenwertes miteinander vertauschen, d.h. an

Stelle eines Lautausdruckes einen anderen stellen von annähernd gleichem erotischem Spannungsgrad, ausgedrückt in der Valenz-Skala des Alphabets.

Eine rational logische Erklärung der kabbalistischen Buchstaben-Methoden ist im vorhergehenden natürlich nicht versucht worden, vielmehr ist nur ein Weg (und nicht der einzig mögliche) aufgezeigt, auf dem man zum Verständnis dessen gelangt, was die Seele der Kabbalisten bei ihren Schöpfungen (im Unbewussten) bewegt haben mag.

VIII.

DIE OBEREN WELTEN UND IHRE EROTIK

»Alle Dinge sind verkettet, verfädelt, verliebt.«
(Nietzsche: Also sprach Zarathustra)

Es ist bereits oben erwähnt worden, dass die S'phirah I'sod-Eros, die Grundlage der Schöpfung sei. »Erst als er befestigt war, war das All befestigt.« (Sohar II, 258 a.) Er verbindet die »Freunde«: d.h. die S'phiroth Nezach-Hod und die »Liebenden«: Tiph'ereth-Mann und Malchuth-Weib. Diese treten nebst anderem auch in der Gestalt von »Himmel« und »Erde«, »Sonne« und »Mond«, »Tag« und »Nacht«, »Bräutigam« und »Braut«, »Sohn« und »Tochter«, »Der Heilige (gesegnet sei Er)« und »seine Herrlichkeit« auf. (Über die zehn S'phiroth vgl. die Schlussanmerkung zu Kap. VI.)

Der ganze Gottesdienst zielt nach der Kabbala auf die »Vereinigung« (Jichud) des »Heiligen (gesegnet sei Er)« mit seiner »Herrlichkeit« hin. Die Chassidim sprechen vor der Erfüllung jedes Gebotes die Formel »Leschem jichud Kudscha, berich Hu u-Schechinte« (um der Vereinigung des Heiligen, gesegnet sei Er mit Seiner Herrlichkeit willen). Die Zeit, da sich »Schimscha W'sihara, (Sonne und Mond) vereinigen werden« ist den Weisen im Sohar der Gegenstand all ihrer mystischen Sehnsucht. – Wenn sich Mann und Weib in heiliger Reinheit in der geschlechtlichen Verbindung befinden, verursachen sie dadurch, dass sich auch die himmlischen S'phiroth Tiph'ereth und Malchuth, deren Teile sie ja sind, vereinigen, und über ihnen vereinigen sich »von Angesicht zu Angesicht« die oberen Welten alle, wie es ausführlich R. Schabbathaj Horowitz in seinem berühmten Werk »Schepha Tal« (Tau-Überfluss) schildert (R. Schabbathaj war ein böhmischer Jude aus dem Stamme Lewi. Er war Arzt und Rabbiner zu Prag, Enkel eines großen Kabbalisten, des »heiligen Schelo«, der in dem kleinen böhmischen Städtchen Horovice geboren wurde und in Safed in Palästina um 1629 starb).

So wie nun die Vereinigung zweier Menschenkörper mittels der Arme geschieht, so gibt es auch unter den S'phiroth zwei, welche die Funktion haben, die beiden »Liebenden« Tiph'ereth-Malchuth aneinander zu schmiegen. Es sind die S'phiroth Chessed (Gnade, Liebe) und G'bburah (Gewalt), die darum auch »Serooth Olam«, die Arme der Welt genannt werden. In der Natur kommt Chessed u.a. in Gestalt des Wassers, G'bhurah in Gestalt des Feuers und Tiph'eret in Gestalt der »zwischen beiden vermittelnden« Luft vor. (Siehe den Kommentar des Frommen R. Eliah, des »Gaon« aus Wilna zum Siphra di-C'niutha.[14])

Die »Schönheit« liegt aber zwischen den S'phiroth Chessed und Gewurah so wie der menschliche Oberkörper zwischen beiden Armen. Sie ist ihrem Wesen nach eine Harmonie der Gnade und der Gewalt. (Siehe den Abschnitt über die Farben in Pardes Rimonim oder in Or Neerab von R. Mosche Kordowero) Die Vereinigung der beiden S'phiroth Tiph'ereth und Malchuth geschieht auf drei Arten:

1. Sie sind identisch mit den zwei Freunden »Nezach-Hod«, indem sich Schönheit-Mann zu der S'phirah Siegesglanz (Nezach) »senkt« und

die Herrschaft-Frau zu der S'phirah Sich-Ergeben, Majestät (Hod) »steigt«, worauf sie sich mittels der S'phirah I'sod vereinigen.

2. Tiph'ereth bleibt in seiner Erhabenheit und »erhebt« kraft der beiden »Arme« die Malchuth zu sich empor.

3. Malchuth bleibt »unten« und Tiph'ereth »steigt zu ihr hinab.«

R. Schniur Salmen (im Sidur) vergleicht es mit dem Zueinanderkommen zweier Menschen mittels einer Leiter (I'sod).

Jeder »Vereinigung« gehen »Küsse« voran, die ihrem Wesen nach »ein Verschmelzen des Geistes mit dem Geiste« sind. – Welcher Unterschied zwischen den leblosen Ideen und Urbegriffen der kühlen hellenischen Philosophen und zwischen den von Menschlichkeit strotzenden S'phiroth der jüdischen Kabbalisten. Hätte Nietzsche gewusst, welches Leben im »Himmel« waltet, so hätte er gewiss nicht so verachtend von den »Hinterweltlern« gesprochen, die »den Kopf in den himmlischen Sand stecken.«

Obzwar G'bhurah eigentlich durch Chessed direkt erzeugt und erhalten wird, gibt es unter den zehn S'phiroth keine so entgegengesetzten Mächte wie dieses voneinanderstrebende Paar der Gnade und der Gewalt. Die ungeheuere Spannungsweite, die zwischen beiden liegt, wird »Dina Qaschija«, Schweres Gericht, genannt. Darum wehe dem Menschen, der sich in dieser Spannung befindet. Am Neujahrsfeste (Rosch ha-schanah), wenn die Sommerzeit in die Winterzeit übergeht und das Gestirn »Waage« herrscht, da schwebt das »schwere Gericht« über der Welt. Darum ist es eine unter den »Kawanoth« (ekstatischen Absichten) des jüdischen Gottesdienstes an diesem Tage, durch die Stimme des »Schophar« (ein aus einem Widderhorn verfertigtes Blasinstrument) durch einen »Strahl« aus der höheren S'phirah Ima-Mutter der Harmonie der S'phirah Schönheit neue Kraft zu verleihen (das Wort Schophar erinnert nämlich an das aramäische Wort Schuphra, Schönheit) und durch diese Harmonie die zu hohe Spannung zu schwächen, ein »Dina raphija«, mildes Gericht, herbeizuführen; d.h. eine niedrigere Spannung walten zu lassen, nämlich die der S'phiroth Nezach-Hod, die substantiell nicht so sehr voneinander verschieden und daher auch nicht so zentripetal gerichtet sind wie die oberen S'phiroth Gnade und Gewalt. (Sohar Pinchas, Scheloh.) Im Kosmos waltet also eine psychisch-metaphysische Leistung, die Freud beim Menschen Lustprinzip nennt: das seelische Streben nach Milderung der unlustvollen psychischen Spannungen.

Die Bezeichnungen für die sieben »unteren« S'phiroth sind dem Bibelverse (1 Chr. 29, 11) entnommen, wo es heißt: »Dein ist, o Ewiger, die Größe und die Gewalt und die Schönheit und der Siegesglanz und die Majestät, denn alles am Himmel und auf Erden Dein ist, die Herrschaft und das Sich-Erheben.« Es sind hier also alle Namen der »unteren« S'phiroth ausdrücklich genannt und zwar in derselben Reihenfolge wie es auch die Kabbala in der Regel tut (wir haben sie dagegen entsprechend der Richtung dieses Buches umgekehrt »von unten nach oben« behandeln müssen): Größe (Gnade), Gewalt, Schönheit, Glanz, Majestät, Herrschaft. Nur »I'sod«-Eros ist hier keusch durch die Worte »Alles am Himmel und auf Erden« umschrieben, was jedoch schon die uralte aramäische Übersetzung der »Targum« mit »kol d'achid« »Alles, was den Himmel mit der Erde verbindet« ergänzt. (Dass der I'sod das Irdische-Malchuth mit dem Himmlischen-Tiph'ereth verbindet, ist von uns bereits hervorgehoben worden). Der Sohar (B'reschith 17 a) erklärt, warum I'sod Alles heiße: »weil er Alles durch das Licht der Leidenschaft vereinigt«. –

Über diesen sieben »unteren« S'phiroth gibt es noch drei »obere«, welche auch »Gehirne« der »unteren« genannt werden. Es sind dies:

1. Kether Elijon (Höchste Krone), die höchste und die erste von den zehn S'phiroth, auch Ajin (Nichts) und Razon (Wille) genannt. -

2. Chochmah (intuitive Weisheit), auch Aha (Vater) genannt und

3. Binah (Vernunftsvermögen), auch Ima (Mutter) genannt. Am menschlichen Körper sind sie durch den Schädel und die rechte und linke Hälfte des Gehirns repräsentiert. Jedoch wird auch das Herz der Binah zugeschrieben. Kether Eljon in seiner Eigenschaft als Wille wird mit der höchsten der fünf menschlichen Seelen, mit der Jechidah verglichen. Dass, wie auch Schopenhauer meint, der Wille zum Da-

sein das Wesen der Seele ausmacht, haben die Talmudweisen dadurch zum Ausdruck gebracht, dass sie sagten: alle Geschöpfe seien nach ihrem Willen (Cibhjon) erschaffen worden. R. Lew aus Prag (Gur Arjeh) macht darauf aufmerksam, dass das Wort Cibhjon außer Wille auch Form bedeutet, was sagen will, dass sich alle Geschöpfe die Form ihrer Gestalt vor ihrer Geburt aus freiem Willen wählen. Er meint, dass auch die hässlichsten Tiere in ihren eigenen Augen schön seien. – Hiermit ist vielleicht zu erklären, warum die Geister der Verstorbenen in ihrer irdischen Gestalt erscheinen. (Sam. I, 28.) Sie gehört eben zum Wesen der Seele. –

Chochmah und Binah vereinigen sich in ihren niedrigeren, den Gefühlen der »unteren« S'phiroth am nächsten liegenden Schichten in eine Halb-S'phirah namens Daath. (Ansicht, Wissen, Bewusstsein. – Es wäre somit alles, was die kabbalistischen Schriften »oberhalb des Bewusstseins« bezeichnen, in der modernen phychologischen Ausdrucksweise im Gegenteil mit »unter dem Bewusstsein« zu übersetzen). Daath gilt nicht als eine selbständige S'phirah, sondern wird nur durch eine »Krone« über der S'phirah Tiph'ereth darstellt. Die Kabbalisten (z.B. »Sphath Emeth«) betonen, dass das Wort Daath vom Stamme jadoa »erkennen« ist, welches außer Wissen auch »geschlechtlich verkehren« bedeutet (Gen. 4, 1), denn durch Daath befinden sich die S'phiroth Vater und Mutter in dauernder Verbindung, deren Zweckes ist, neue Seelen zu zeugen. Die Vernunft-Mutter wird – wie schon erwähnt – als die Reue, Umkehr bezeichnet. R. Bär aus Mesiritz erklärt dies folgendermaßen: »Wer Umkehr tut, wird von aller Sünde geläutert und gleicht einem unschuldigen Kinde eben von der Mutter geboren.« R. Pinchas aus Koritz (ein Schüler-Freund Baal-Schems) rät dem Menschen, der Umkehr tun will, er solle sich das Gesicht seiner Mutter vorstellen, da die S'phirah Binah, welche der Urquell aller Reue und Umkehr ist, auch Ima, Mutter, genant wird. – Sie heißt aber auch der »Thron und der Garten des Eden«, aus dem alle Seelen kommen und wohin sie wieder zurückkehren. (Vgl. ähnliche, von der Psychoanalyse behandelte Gedankengänge.)

Außerdem »verkleidet« sich »Mutter« und

»Vater« von »Zeit zu Zeit« in die S'phiroth Tiph'ereth-Sohn-Bruder-Mann und Malchuth-Tochter-Schwester-Weib, um ihnen »Kraft« zu verleihen, damit sie sich ebenfalls »vereinigen« können. (Ez Chajim Schaar hasiwugim.) Hier zeigt sich eine Analogie zu dem, was die Psychoanalyse in Hinsicht auf unsere niedrige, materielle Welt lehrt: Die kindlichen erotischen Beziehungen der Kinder zu ihren Eltern, welche im Unbewussten (»oberhalb der Daath«) der Kinder »fortwährend andauern« und ihre Fantasie oft zum Erzeugen »neuer Seelen«-Produkte zwingen; diese kindlichen erotischen Beziehungen übertragen, »verkleiden« sich später in die Liebesverhältnisse zu den Geschwistern und münden endlich in der Eheschließung gerade mit dem Menschen, bei dem sie unbewusst die größte Ähnlichkeit mit den Geschwistern und Eltern entdeckt zu haben glauben.

Jede einzelne von den zehn S'phiroth setzt sich wiederum aus zehn gleichnamigen S'phiroth zusammen, die ihrer Macht untergeordnet sind. Am menschlichen Körper sind z.B. die S'phiroth Nezach-Hod der S'phirah

I'sods durch die beiden Hoden vertreten, die Malchuth des I'sods ist durch das »Krönchen« (Spitze) des Gliedes dargestellt. Bei der S'phirah Malchuth sind Nezach-Hod die Lippen und die Zunge ihr I'sod. Die Ohren sind Nezach-Hod der S'phirah Binah, die Augen sind Nezach-Hod der S'phirah Chochmah. (»Likute haschas« von An) usw. »Das Licht der Augen ist das Erscheinen der Herrlichkeit Gottes.« (Sohar I.) – Der Kether Eljon des Kether Eljon, also seine höchste Stufe, wird Atiqa, der Alte genannt, denn in ihn »verkleidet« sich En-Soph, das Un-Endliche, das »Atiqa d'chol Atiqin«, Greis aller Greise, genannt wird. (»Ez Cha-jim«, Schaar Arich Anpin.) Kether Eljon als aus zehn untergeordneten S'phiroth zusammengesetzt wird »Arich Anpin«, Lang(Groß)-Gesichtiger genannt im Gegensatze zu Tiph'creth, welches »S'ir Anpin«, Klein-Gesichtiger, genannt wird. (»Es (Chajim«. – Vgl. Kap. III dieses Buches.) En-Soph wird unter die S'phiroth nicht gezählt (siehe »Or Neerabh«); denn er »füllt« und »umgibt« alle S'phiroth durch das »Licht« seiner »unzählbaren Einheit« (Tikunim, Pathach Eliahu).

Kether Eljon (Höchste Krone), »Nichts«, »Wille« zum Sein, ist die erste S'phirah, die der »Emanierende« (ham-maazil), En-Soph aus sich entsandte. Es wird darum auch »Reschith« (Anfang) genannt. (Tikune Sohar, Pathach Eliahu.) Kether Eljon hat wiederum die Chochmah (Weisheit) aus sich hervorgebracht, die auch »Jesch« (Sein) genannt wird. Auch die Chochmah wird von der Kabbala als »Reschith« (Anfang) bezeichnet und in Anlehnung an eine alte aramäische Übersetzung des Pentateuch, in welcher die ersten Worte der Genesis »Am Anfange schuf Gott ...« mit »Durch Weisheit schuf Gott ...« wiedergegeben werden. – (In der Mystik Chinas findet man ähnlich ein Tai-Gi, Uranfang und Wu-Gi, Nicht-Anfang; es ist aber nicht klar, ob sie mit den kabbalistischen Begriffen Chochmah und Kether Eljon oder Kether Eljon und En-Soph zu identifizieren sind.)

Die vom Kether Eljon hervorgebrachte Chochmah erzeugte die Binah, (Vernunft). Auch Binah wird als jesch (Sein) bezeichnet. Und zwar stellt die Chochmah das Denken in seiner unbestimmten unbewussten, problematischen Daseinsform dar, etwa das Hamletsche, »to be or not to be«, während die Binah das bestimmte, unproblematische, ins Bewusstsein (Daath) übergehende Vernunftvermögen bedeutet, also etwa das »cogito ergo sum« Descartes, wobei freilich sowohl die Gefühlsäußerung Hamlets als auch das intellektuelle Wort des Descartes, der eigentümlichen Denkart der Kabbala entsprechend, gleichzeitig psychologisch wie auch rein philosophisch aufzufassen sind. (Siehe den sidur des R. Schneur Salmen. – Diese Eigentümlichkeit der kabbalistischen Denkweise wird noch später besprochen werden.) – Das Gehör und der Talmud entsprießen der Binah, das Sehen und die Kabbala der Chochmah; darum – meinen die Kabbalisten – heißt es immer im Talmud »komm (und) höre.« (Ta sch'ma), während die analoge Formel im kabbalistischen Sohar »komm (und) siehe« (ta-chasi) lautet. –

Aus Binah wurden dann Chessed, G'bhurah, Tiph'ereth, Nezach, Hod, I'sod und Malchuth »geboren«, indem die vorangehende immer die folgende aus sich hervorbrachte.

Die zehn S'phiroth werden in zwei Gruppen geteilt, nämlich in fünf Gnaden (Chassadim): Kether Eljon, Chochmah, Chessed, Tiph'ereth, Nezach und fünf Gewalten (G'bhuroth): Binah, G'bhurah, Hod, I'sod, Malchuth. Die fünf Chassadim sind in den fünf Fingern der Rechten, die fünf G'bhuroth in den fünf Fingern der Linken dargestellt. (Siehe über das Nägelschneiden »Likute haschas« von Ari.) Darum werden die S'phiroth oft in zwei parallel laufenden »Strahlen« (Qawim) dargestellt. Die Chassadim stehen immer rechts, die G'bhuroth links. Bezeichnend ist, dass die männlichen S'phiroth Chochmah-Vater und Tiph'e-reth-Mann gewöhnlich unter Gnaden, während die weiblichen Binah-Mutter und Malchuth-Weib unter die Gewalten gezählt werden. Das Linke, weibliches Prinzip, wird als negativ, das Rechte, männliches Prinzip, als positiv erklärt: »Das Linke stößt ab, das Rechte zieht an.« (»S'mol doche, j'min m'qarebh«. – Etwas Ähnlichem begegen wir auch in der chinesischen Mystik.) Zwei andere Systeme der S'phiroth-Ordnung sind die, in denen die S'phiroth ineinander gefasst sind, so »wie die kugelförmigen Schichtenblätter der Zwiebel.« Da bildet entweder Malchuth das Zentrum, die S'phirah Kether Eljon die äußerste Schicht, und die übrigen acht S'phiroth in der Reihenfolge ihres Entstehens die Mitte, oder umgekehrt bildet Kether Eljon das Zentrum und Malchuth die äußerste Schicht. (Luzatto hält im »Qlach« diese beiden Systeme für eins, nur von verschiedenen Standpunkten betrachtet). Dieser Auffassung entspricht wohl vollkommen der moderne Ansicht, dass das Wort S'phirah von dem griechischen Sphaira, Kugel, abzuleiten ist. Dagegen lässt sich diese Etymologie mit den übrigen Ordnungs-Systemen der S'phiroth nicht recht in Einklang bringen. Das Wort S'phirah heißt eigentlich »das Zählen« und kann als eine regelmäßige Ableitung vom Verbum saphor (zählen) angesehen werden. Dies entspricht auch dem Geist des uralten zahlen-mystischen Buches Sepher Jezirah (Buch der Schöpfung), in dem zum ersten Male von den »zehn S'phiroth der Leere« die Rede ist. Es scheint mir aber in Anbetracht des hohen Alters der Kabbala nicht ganz ausgeschlossen (»zehn Dinge mittels denen die Welt erschaffen wurde« kennt schon der Talmud), dass das Wort S'phirah mit dem assyrischen Worte schapirau, Regent, zusammenhängt, da doch die zehn S'phiroth jene Prinzipien darstellen, mittels derer Gott alles geschaffen hat, alles erhält und auch alles regiert. (Siehe z.B. »Hachoker w'hamkubbal« von Luzatto.) Poetisch ist die Erklärung der Kabbalisten selbst, die den Ausdruck S'phirah auf das Wort sapper (erzählen) zurückführen, da die S'phiroth »von dem Ruhme Gottes erzählen« oder auf das Wort Sappir (Safir), da sie rein sind und strahlen wie die Safire. (Siehe z.B. »S'phath Emeth«.) Ein anderes System ordnet die drei höchsten S'phiroth in einem Dreieck, oben K. E., rechts Chochrnah, links Binah und die sieben »unteren« stellt es der Reihe nach in einer Säule unter die Binah, so wie sich etwa die Wirbelsäule dem Kopfe anschließt. Ein anderes System teilt im Ebenbilde der Gliederung des Menschenkörpers die S'phiroth in drei parallelle »Strahlen«:

	(Schädel) Kether Eljon	Chochmah (Gehirn)
(Gehirn) Binah		
	(Daath)	
(linker Arm) G'bhurah	Tiph'ereth (Rumpf)	Chessed (rechter Arm)
(linker Fuß) Hod	I'sod (Geschlecht)	Nezach (rechter Fuß)

In diesem System sind die S'phiroth zu drei geordnet. Tiph'ereth-Malchuth bilden da zwei »Waagschalen«, I'sod das »Zünglein« der Entscheidung. Ebenso ist es bei Chochmah, Binah, Daath (oder Kether), bei Chessed, G'bhurah, Tiph'ereth und bei Nezach, Hod, I'sod (oder Malchuth) der Fall. Diese komplizierte mystische »Waage« der S'phiroth bildet das Thema des »Geheimbuches«, (»Siphra di-C'niutha«). Als Ursache der Bildung des »reformierten, vollkommenen« Waage-Systems wird der I'sod bezeichnet. (Siehe den Kommentar R. Eliahusi.)

Interessant ist, dass Ari alle diese Systeme für richtig hält, er meint jedoch, jedes entspreche einem anderen Welten-Komplex. Das hier letztgenannte System, das »reformierte« gemäßigte entspricht den (geistigen und materiellen) Welten, in denen wir leben.

Wir können in diesen Systemen folgende Figuren erblicken: In dem Systeme, das in den zwei voneinandergetrennten S'phiroth-Säulen der fünf männlichen Gnaden und fünf weiblichen Gewalten besteht, die beiden getrennten, nach Vereinigung strebenden Geschlechter des Menschen, in dem Kugel-System das Ei, in dem Kopf-Wirbelsäule-System das Embryo (über andere ausgesprochene Embryo-Stadien der S'phiroth siehe »Ez Chajim«, Schaar I, 3 und Schaar 23) und in dem letzten Systeme das symmetrisch gegliederte, vollentwickelte Menschenkind. Ich betone jedoch, dass diese von mir geäußerten Ansichten nicht etwa die kosmische Bedeutung der Kabbala beeinträchtigen dürfen. Die Gesetze, welche im Menschenleben obwalten, sind nur Wiederholungen und kleine Abspiegelungen großer Weltenbildungen. –

Die Welten, die am meisten den Gegenstand der kabbalistischen Betrachtung bilden, und in denen allen das S'phiroth-System der »Waage« vorherrscht, sind vier: Die materielle

Welt »des Geschehens«, Assijah; sie entspricht dem vierten (letzten) Buchstaben des Gottesnamens H. Ihr übergeordnet ist die Welt des Bildens, I'zirah; sie entspricht dem dritten Buchstaben des Gottesnamens W. Ihr übergeordnet ist die Welt des Schaffens, B'riah, die dem zweiten Buchstaben des Gottesnamens H entspricht und der höchsten Welt der Emanation, Aziluth, untergeordnet ist. Diese entspricht dem ersten Buchstaben des Gottesnamens I. – Aziluth und I'zirah sind männlicher, B'riah und Assijah weiblicher Natur. Sie alle sind durch die zehn S'phiroth durchdrungen und entstehen infolge der sukzessiven Abnahme des S'phiroth-»Lichtes«, welche im gleichen Maße mit der »Entfernung« vom »Emanierten« (En-Soph) wächst. »Licht« (or) symbolisiert in der Kabbala gleichzeitig Begriff und Kraft in ihrer reinsten Form. Es ist von den Kabbalisten hierzu erwählt worden, erstens infolge seiner großen Feinheit (siehe »Schaar Haschamajim« von R. Abraham Hariri, dem Kohaniden. – Dieser große Kabbalist war ein Kind bereits getaufter Eltern und wurde als Christ erzogen; erst im späteren Alter kehrte er zu dem alten Glauben der Ahnen zurück), und zweitens deshalb, weil der Mensch, dem ein neuer Gedanke aufkommt, gleichsam ein »Licht« in seiner Seele fühlt. (Sidur der R. Schniur Salmen.) – Die zehn S'phiroth, welche in unserer niedrigen Welt und in der menschlichen Gesellschaft so sehr divergieren und oft einander direkt bekämpfen, sind, je höher wir steigen, desto einmütiger. Schon in der B'riah haben »der Fürst (Engel) des Wassers und der Fürst des Feuers (also ›Gnade‹ und ›Gewalt‹) Frieden geschlossen« infolge ihrer Nähe zum »König«. Noch höher hinauf, im Aziluth ist schon alles vereinigt. Der Buchstabe I (der erste des Gottesnamens), dem jene Welt entspricht, bezeichnet die Zahl zehn – also die zehn S'phiroth – und wird im Hebräischen durch einen Punkt dargestellt, was den Kabbalisten die absolute Einheitlichkeit der sich in einem Punkte treffenden S'phiroth des Aziluth andeutet. Der Punktbuchstabe I wird auch als ein Tropfen des Spermas angesehen, in dem ja ebenfalls der ganze Mensch völlig ungegliedert enthalten ist. (Sidur des R. Schneur Salem.) – Aus diesem Grunde mag vielleicht der Sohar I,

2 und 15 den Punkt auch als das erste Geschaffene angesehen haben. Der »Ez-Chajim« fängt dementsprechend also an: »Als in Seinem Willen (gesegnet sei Er) aufkam, die Welt zu schaffen, um den Geschöpfen Gutes zu tun, und damit sie Seine Größe erkennen und der Gnade teilhaft würden, Sein erhabener »Wagen« zu werden, um sich an Ihn anzuschmiegen – da emanierte Er einen Punkt aus und in diesem sind zehn (Ur-S'phiroth) vereinigt ...« Also die Liebe, bzw. der Wunsch nach einem Liebes-Objekte verursachte die Emanierung eines Punktes. (Vergleiche auch die zitierte Upanischada-Stelle.) In diesem war also das All enthalten, gleichwie in dem punktähnlichen Tropfen des Spermas, das sich aus ähnlichem Anlasse vom Körper loslöst, der ganze künftige Mensch enthalten ist. Dieser aus dem En-Soph emanierte, die zehn Ur-S'phiroth enthaltende »Punkt« ist, wohlbemerkt, nicht identisch mit der Welt Aziluth, die nur ein »Kleid« des ersten der vier Tetragramaton-Buchstabens ist (des punktähnlichen hebräischen I).

Die Welt Aziluth ebenso wie die drei ihr untergeordneten Welten, inklusive der niedrigsten, unseren materiellen Welt Assijah, sind gar nicht direkte Emanationen des En-Soph, der sie freilich mit seinem »Lichte« sowohl »umgibt« als auch vollständig »füllt«. Sie sind vielmehr Produkte eines zwischen dem Endlichen und den Unendlichen gestellten Mittelwesens, des »Adam-Qadmon«. (Ur-Mensch) R. M. Ch. Luzatto (im »Qlach«) meint: ähnlich wie die Seele den Embryo beeinflusst, aus dem ihre irdische Hülle entstehen soll, indem sie aus sich gewisse Kräfte ausstrahlt[15], welche die einzelnen zum Leben nötigen Organe schon im Mutterleibe gestalten, also strahlt auch der Adam-Qadmon unsere vier Welten (außer vielen anderen) aus sich. Und zwar: Aziluth aus seinen »Augen«, B'riah aus den »Ohren«, I'zirah aus der »Nase«, Assijah aus dem »Munde«. (Vgl. auch den indischen Mythos über das Entstehen der Kasten aus Brahmas Organen.) Aber auch aus der Stirne, aus den Haaren usw. entsendet der Adam-Qadmon unzählige mystische Welten, sodass er ganz von Licht-Welten umgeben erscheint. Unwillkürlich müssen wir uns beim Lesen der Schilderung dieser Pracht in Luzattos »Qlach« an das Talmud-Zitat über

Rabbi Jochanans Schönheit erinnern: »Die Lichtstrahlen, welche ein glühendes Silbergefäß aussendet, wenn es aus dem Schmelzofen getragen wird – haben etwas von der Schönheit Rabbi Jochanans an sich. (Kap. IV. dieses Buches.)

Selbstverständlich sind die metamorphistischen Termini der Kabbala im höchst geistigen Sinne zu nehmen; sie haben nichts Körperliches an sich (siehe z.B. Sohar III, Anfang der »Idra Rabba« oder »Ez Chajim« Anfang Schaar 4.), sogar Ausdrücke, »unten« und »oben« sind nicht wörtlich zu nehmen, sie bedeuten so viel wie »untergeordnet« und »übergeordnet«. (Qlach). Der als einer der größten Geheimnisse geltene Ausspruch R. Josua ben Lewi im Talmud (Psachim 50 a): »Ich sah eine umgekehrte Welt: die ›Unteren‹ ›oben‹ und die ›Oberen‹ ›unten‹ ... eine klare Welt sahst du ...« kann dementsprechend also erklärt werden: auch die »höchsten« S'phiroth wie intuitive Weisheit und Vernunft, Liebe und Gewalt sind in Wahrheit der »unteren« S'phirah I'sod-Eros, dem Gesetze der »Vereinigung« untergeordnet. Dass auch die allerhöchste der S'phiroth, Kether Eljon, des

»I'sod« nicht ganz bar ist, ersehen wir aus einer Stelle in »Ez Chajim« (Schaar I), welche folgende Lehre enthält: Der I'sod des Kether Eljon (dass jede S'phirah wiederum aus den zehn S'phiroth besteht, ist bereits erwähnt worden) entsendet einen »Hauch« (Hebhel) in Tiph'ereth (Schönheit), dort teilt sich dieser »Hauch« und steigt in zwei Strömen hinab, zu den S'phiroth Chochmah-Vater und Binah-Mutter und bildet ihre »Gehirne«. Dadurch »erweckt« er die beiden zu »Küssen« und aus dem »Hauche« dieser »Küsse« entsteht nun ein neuer »I'sod«, der »untere«. – Ziehen wir nun in Betracht, dass der K. E., »der heilige Alte«, der hier als der Urquell des Eros bezeichnet wird, sonst in der Kabbala unter den Bezeichnungen »Wille«, »Nichts« vorkommt, also den »Todesgedanken« der Psychoanalyse (Siehe Sigmund Freud »Jenseits des Lustprinzips«!) darstellt, dass also der »Todesgedanke« die höchste Potenzierung des lebensspendenden Eros ist und zugleich auch seine Heimat – so ist uns fast, als ob die Zaubertöne Richard Wagners »Tristan und Isolde« nicht gerade disharmonisch neben dieser Kabbala-Weise klingen würden:

Tristan:

Dem Land, das Tristan meint,
der Sonne Licht nicht scheint,
es ist das dunkelnächt'ge Land,
daraus die Mutter mich entsandt,
als den im Tode sie empfangen,
im Tod sie ließ an das Licht gelangen.
Was, da sie mich gebar,
ihr Liebesberge war,
das Wunderreich der Nacht,
aus der ich einst erwacht,
das bietet dir Tristan,
dahin geht er voran.

(II. Aufzug, III. Szene.)

Einer etwas anderen Gefühlswelt dagegen gehört es an, wenn Isolde singt:

Dem Licht des Tages wollt ich entflieh'n,
dorthin in die Nacht dich mit mir zieh'n,
wo der Täuschung Ende mein Herz mir verhieß,
wo des Tags geahnter Wahn zerrinne[16]
dort dir zu trinken ew'ge Minne,
mit mir dich im Verein wollt ich dem Tode weih'n.

Denn dies höchste Entbrennen des Eros schenkt statt der hier erwünschten Rückkehr zum Nicht-Sein, zum K. E. nach der letztzitierten Stelle aus »Ez Chajim« im Gegenteil den »Hauch« neuen Lebens und Liebens – ein »Diesseitswunder« würde, der Tiefe des jüdischen Geistes entsprechend, Max Brod sagen. (»Heidentum, Christentum, Judentum«.)

Der von Schopenhauers heidnischem Pessimismus durchdrungene Wagner sieht sich aber veranlasst, die Klagetöne Isoldens immer düsterer weiter klingen zu lassen:

»Doch ach, dich täuschte der falsche Trank
dass dir von neuem die Nacht versank
dem einzig am Tode lag,
den gab er wieder dem Tag!«

Tristan antwortete, dem lichteren Geiste der jüdischen Kabbala wieder mehr entsprechend:

O, Heil dem Tranke! Heil seinem Saft,
Heil seines Zaubers hehrer Kraft! Durch
des Todes Tor, wo er mir floss,
weit und offen er mir erschloss,
darin ich sonst nur träumend gewacht,
das Wonnereich der Nacht.

(Die Kabbala nennt gleichfalls den K. E. »Die Wonne der Wonnen«. – Aber die kabbalistischen »Tage« des K. E. erreicht Tristan nicht mehr.) Es scheint, dass alles Heidentum dem unverbesserlichen Pessimismus verfallen ist, der nicht weniger unberechtigt und verheerend ist als das, was ein biederer Bürger »Optimismus« nennt. Es ist bezeichnend, dass der kühne Germane, der doch ein viel »freieres« und »natürlicheres« Leben führt als der Exiljude, gerade dort vom tiefsten Weltschmerz ergriffen wird, wo dieser ruhig dreinzuschauen wagt. Und ebenso sieht auch der alte heitere Ägypter dort eine tragische »Trennung«, wo der asketische Hebräer mit Recht gerade das Symbol aller »Vereinigung« erblickt. Ich meine den ägyptischen Mythos, nach welchem die Himmelsgöttin mit dem Erdgott »vereint« waren, bis sie der böse Gott der Ausdehnung trennte, indem er die Himmelsgöttin auf seinen Armen in die Höhe hob, wogegen die Symbolik der jüdischen Kabbala, wie bereits erwähnt wurde, lehrt, der Himmel als Tiph'ereth-Mann befinde sich mittels der Arme der Welt in einer »Vereinigung« mit der Erde als Malchuth-Weib.

Nun verstehen wir auch den schon zitierten Talmud-Spruch »Drei haben etwas vom Jenseits an sich: Die Sonne, der Sabbath und der Geschlechtsakt.« (B'rachoth 57 b nach hava mina.) Die lebensspendende, aber auch mörderische Sonne ist I'sod (siehe S'phath Emeth) ebenso der Sabbat und der Geschlechtsverkehr und diese also legen Zeugenschaft ab vom jenseits, vom Nichts-Willen des Kether Eljon. – Hier ist der Ort, auf die große Ähnlichkeit hinzuweisen, welche die Kabbala mit den asiatischen, insbesondere mit der chinesischen Denkart besitzt. Ich meine nicht nur in Einzelheiten, wie z.B. mit dem »Ewig-Weiblichen« und mit der »Ur-Mutter« des Taoismus, sondern sogar mit dem ganzen Denkprozesse der asiatischen Philosophen. Der europäische Jude scheint tatsächlich seiner morgenländischen Heimat nicht nur in seinen äußeren Lebensformen, sondern auch in seinen Denkformen auffallende Treue bewahrt zu haben. Die eigentümliche Denkmethode, die Erscheinungen der materiellen Welt, die psychischen Regungen usw. ins Transzendente zu projizieren und dadurch ewige Wahrheiten zu erschauen, die ein abendländischer Denker erst auf dem langen mühseligen Umweg des »Logischen« erreicht, ist allen orientalischen Denkern gemeinsam.

Ich zitierte M. C. de Harlezs Übersetzung des chinesischen Tao-Te-King (aus den »Annales du Musee Guimet« Tome 20, 1891). Dieses Kapitel aus Tao-Te-King spricht etwa von dem, was wir als das »Nichts« des K. E., der allerhöchsten der S'phiroth bezeichnen.

XI: Utilité du vide, du non-être.

Trente rayons de roue ont un même moyeu et c'est par la partie vide de ce moyeu que se fait l'usage du char. De Pargile on fait des vases et c'est par le vide de ces vases que l'emploi en est possible. C'est en ouvrant les trous des portes et des fenêtres que l'on construit un appartement et c'est leur vide qui est cause qu'on peut en faire emploi. Conséquemment, c'est par l'être que se procure l'avantage et par le non-être que se fait l'emploi des choses (leur mise en action).

Dazu macht der Übersetzer folgende Bemerkung:

Nous n'insisterons pas sur cette argumentation qui fait du relatif, absolu. C'est tout oriental, c'est de la logique asiatique primitive. L'Inde la pratiquait tout aussi bien que la Chine ...

Hätte M. C. de Harlez die jüdische Kabbala gekannt, so hätte er wohl auch das Ghetto unter den Sitzen dieser asiatischen Methode genannt. Macht doch auch die Kabbala aus Menschlich-Psychologischem, also Relativem, Absolutes.

Ich füge noch einige Kleinigkeiten aus seiner Übersetzung bei:

XXV ... L'homme imite la terre, la terre imite le ciel, le ciel imite le Tao; le Tao n'a de modèle que lui-même.

Demgegenüber das talmudische: »Das Blau an den Schaufäden (siehe Num. 15, 37) ist dem Meere ähnlich, das Meer ist dem Himmel ähnlich, der Himmel ist dem Throne des göttlichen Majetates ähnlich.« (Sota 17 a).

XLII. Production des êtres.
Le Tao a produit un; l'un a produit deux;
le deux ont produit trois; les trois on
produit toutes choses.

Tous le êtres s'éloignent du principe passif et s'attachent au principe actif; mais le principe spirituel intermédiaire établit entre eux l'harmonie.

M. de Harlez bemerkt hierzu folgendes:
Ceci ... semble tout à fait apocryphe.

Ich mache auf die auffallende Ähnlichkeit dieser Stelle des Tao-Te-King mit der Kabbala aufmerksam, welche gleichfalls lehrt, En-Soph habe die einzige S'phirah Kether Eljon erzeugt, diese die zwei S'phiroth Chochmah und Binah, welche wiederum Daath erzeugten und mit ihr eine allformende Dreiheit bildeten. (Vgl. auch

Sohar III, 288a) – Der zweite Satz der chinesischen Quelle findet in der Kabbala ein Analogon in der »Linken«, welche »abstößt« und in der »Rechten«, welche »anzieht« und in dem Spiritus-Hauch, welcher zwischen beiden Frieden schafft.

VI. Rapports entre le Tao de les êtres.

L'esprit des profondeurs est impérissable. C'est lui qu'on appelle la mère-productrice originaire. La porte de cette mère-productrice (par où les êtres en sortent, le ciel et la terre se produisent), est ce qu'on appelle la racine du ciel et de la terre. II est perpétuel en sa substance et si l'on en use, il ne se fatigue pas.

M. de Harlez schreibt hierzu:
Ce chapitre n'appartient pas certainement au Tao-Te-King primitif.

Auch dieses Kapitel ist ganz »kabbalistisch«, nur dass hier die Binah-Mutter mit dem Nichts des Kethers Eljon identifiziert wird, wozu man übrigens auch im kabbalistischen Schrifttum Analogien finden kann. Bezüglich des letzten Satzes sei hier ein analoger Spruch R. Pinchas aus Koritz erwähnt: Der Mensch muss in seiner Bescheidenheit so weit gehen, dass er sich wie ein Nichts vorkommt; dann hat er sich vor nichts zu fürchten. Denn dann gleicht er dem Kether Eljon, der nicht »zerbrochen« wurde wie die übrigen S'phiroth (Midr. Pinchas). –

Ähnlich wie der Midrasch lehrt auch die Kabbala, dass es, bevor unsere Welten erschaffen worden sind, andere Wehten gab, die zugrunde gehen mussten. Diese Lehre, die etwas imposant Tragisches an sich hat, findet man auch in Indien und in Hellas wieder; die Kabbala hat sie aber ganz besonders ausgebildet (»Ez Chajim«). Sie erscheinen übrigens nicht ganz unwahrscheinlich, wenn wir sie mit jener durch Paul Kammerer wissenschaftlich bestätigten Naturerscheinung, die er »Serialität« nennt, in Beziehung bringen. Unter dem »Gesetze der Serialität« (Siehe sein gleichnamiges Buch) versteht Kammerer ein zeitliches und räumliches regelmäßiges Wiederholen äußerst ähnlicher Naturerscheinungen und Ereignisse, die sich somit in »Serien« entwickeln.[17]

Es ist also nicht ausgeschlossen, dass jene große »Serie« all der Phänomene, die wir in dem Worte »Welt« zusammenzufassen pflegen, eigentlich nichts neues dargestellt, sondern bereits mehrmals in ziemlich ähnlicher Gestalt da gewesen ist. Etwa wie es »Qoheleth« (Ecclesiastes 1, 10) sagt: »... längst gab es in den Welten, die vor uns waren.« Als Ursache des Unterganges (der Olamoth hatohu: chaotische Welten) gibt die Kabbala (S. di-Z'niutha) an, dass es damals in den Ur-S'phiroth weder das System der »Waage«, noch ein Gleichgewicht gegeben hat, »I'sod« war nicht »befestigt«, »Daath« nicht ausgebildet, weshalb das »Licht« der Ur-S'phiroth ihre »Gefäße« zerbrechen musste, da seine Sehnsucht nach den übergeordneten S'phiroth zu ungezügelt war. Es ist aber zum Teile noch jetzt in unzähligen »Funken« in der Materie zerstreut, verborgen »im Exil« und leidet. Es ist deshalb eine der größten Aufgaben der Befolgung der Tora-Gesetze, die heiligen »Funken« aus den »Schalen« der Sinnlichkeit zu befreien und sie dem Ur-Quell der Emanation näher zu bringen. Demgegenüber lehrt Maharaah Halevi (ein Angehöriger des Gure-Ari-Kreises), die Urwelten seien darum zugrunde gegangen, weil es unter ihnen keine gegenseitige Liebe gab, sondern nur

Furcht vor höherer Gewalt. (»E. Ch.« Schoar 11, Kap. 5.) Wir könnten also sagen, die chaotischen Welten gleichen den Schabbatianern, unter denen es keine Gemeinschaftsliebe gab, – unsere vollkommene Welt gleicht dem Chassidismus, in welchem der Rabbi als Verkörperung I'sods die Gemeinschaftsliebe wirken lässt.

R. Schniur Salman aus Ladi erklärt (im Sidur) die Notwendigkeit der Weltuntergänge mittels der kindlichen Psyche, in der das erotische Element noch nicht in seine Bahn gelenkt ist. Auch diese kennt keine »Waage«, kein Gleichgewicht, die Erkenntnis, Erfahrung ist gering; darum überspringt so leicht das kindliche Lachen ins Weinen, die Liebe in Hass. Führen wir dieses Gleichnis konsequent aus, so ergibt sich folgendes: Die kindlichen Begierden, die sich infolge ihrer Unvereinbarkeit mit dem konkreten Tatbestand der Umwelt zersplittern mussten, gingen nicht zugrunde, strahlen vielmehr aus den unergründlichen Tiefen des menschlichen Unbewussten sein Leben lang geheime Kräfte aus. Die Aufgabe des Menschendaseins und oft auch das tragische

Problem des Lebens ist, die »Funken« der verdrängten infantilen Regungen aus ihren »Schalen« zu befreien, oder ihnen eine wohltätige Wirkungseinrichtung zu geben. Dies will nun die Psyche u.a. durch die Befolgung der »aus dem Kindesalter der Menschheit stammenden« Tora-Gesetze erreichen.

Diese kabbalistisch-psychoanalytische Erklärung des Tora-Rituals durch den infantilen Eros bildet übrigens eine Analogie zu deren biblischen Erklärung, nach welcher die einzelnen Vorschriften an den wunderbaren Auszug der Israeliten aus Ägypten erinnern sollen. (Dass sich auch die Alten dessen bewusst waren, dass ganz ähnliche Gesetze und Gebräuche, ja auch die erzählenden Partien der Tora vor dem Auszuge aus Ägypten bekannt waren, ist von mir bereits hervorgehoben worden. Ich erinnere nur an die Überlieferungen, Jakob hätte vierzehn Jahre an den Schulen Schems und Ebhers die Tora gelernt, Lot feierte schon in Sodoma das Überschreitungsfest, also 400 Jahre vor dieser historischen Begebenheit, Noah wusste die »reinen« von »unreinen« Tieren zu unterscheiden) Wir werden das Analoge zwischen der biblischen und der kabbalistischen Erklärung leicht einsehen, wenn wir das Wesen des Auszuges aus Ägypten gleichfalls vom Standpunkte eines Kabbalisten betrachten.

R. Elimelech aus Lischensk (»Noam Elimelech«) stellt nämlich die Frage, warum die Tora bei den einzelnen Gesetzen den Auszug aus Ägypten und nicht die Weltschöpfung erwähnt? Ist denn die Hervorbringung des Als aus dem absoluten Nichts nicht das größte Wunder? (Die übrigen wunderbaren »Zeichen und Beweise«, von denen die Tora erzählt, kommen da selbstverständlich nicht in Betracht, da sie eigentlich nur deshalb geschehen, um uns zu Bescheidenheit zu führen, uns unsere Unkenntnis der Naturgesetze und des Verhältnisses unseres Ich zu der »Umwelt« in ihrer Vollständigkeit stets ins Gedächtnis zu bringen; einen Einblick in die wahrhaftig wunderbare Wesenheit Gottes gewähren sie uns aber nicht.) Er beantwortet diese Frage mit der ihm stets eigenen Gedankentiefe also: Die Weltschöpfung ist eigentlich kein »Wunder«, denn was verstehen wir gewöhnlich unter diesem Wort? Eine sichtliche Überschreitung der

Gesetzlichkeit einer Natur. Nun liegt es aber in der Natur Gottes, Gutes zu tun. Die Schöpfung, als die unbedingte Wohltat für alle Geschöpfe entspricht völlig der Natur Gottes. Hingegen stellt die Handlungsweise Gottes beim Auszuge aus Ägypten einen krassen Widerspruch zu seiner Natur des absolut Guten. Denn hier war Gott im ekstatischen Entbrennen Seiner unendlichen Liebe zu den Vätern mit den ägyptischen Tyrannen grausam verfahren, also direkt entgegengesetzt Seiner Natur.

Die Liebe in Verbindung mit der Gewalt, die sie immer erzeugt, ist also auch hier der geheime Hintergrund der Tora. Wir können also die jüdischen Vorschriften betrachten von welcher Seite immer – sie sind ganz von Liebe erfüllt, wie es die schon zitierte Sohar-Stelle (Sohar III, 286 a) lehrt: »Der die Gesetze gibt, das ist I'sod-Eros.«

Die Ähnlichkeit der beiden Erklärungen ist somit eklatant, im zweiten Falle sollen die Gebote die Zerstreuten der Volksgemeinschaft im Zeichen der übergöttlichen Liebe einigen, im ersten Falle sollen sie die verdrängten erotischen Regungen läutern und der Heiligkeit zuführen. Sie haben also für alle Zeiten Geltung und sind ewig und göttlich wie Eros selbst, »der die Gesetze gibt«.

Darum darf auch die jüdische Lehre Torath-Emeth, die Lehre der Wahrheit genannt werden. Denn ob die Sonne und die Sterne leuchten, ob das Wasser fließt und die Vögel singen, oder ob dies alles nur Traumgebilde unserer Seele sind – das kann nie entschieden werden. Dass aber Cham den Vater kastriert (laut Midrasch), Kajin den Bruder ermordet, dass Reuben mit der Frau seines Vaters schläft und Joseph von Potiphar und auch von seiner Frau zum geschlechtlichen Verkehr aufgefordert wird – dies kann jeder in seiner eigenen Seele als ewige Wahrheit erkennen, der nur genug Mut hat, »sich so sehr zu bücken.« Und glücklich, wer in seinem Herzen neben all diesem Graus auch die Wahrheit Moses und Abrahams, Josuas und des Messias erschaut! Denn: »Nicht im Himmel ist es (das Gesetz) ... und nicht jenseits des Meeres ... sondern sehr nahe ist es dir. Auf deinen Lippen und in deinem Herzen, damit du es tuest.« (Deut. 30, 11 – 14).

IX.

DAS TRAUMHAFTE DER KABBALA

Es ist sicher kein bloßer Zufall, dass Sigmund Freud, der das Geheimnis des Traumes in so genialer Weise zu lüften wusste (S. Freud »Die Traumdeutung«), der jüdischen Rasse angehört. Denn die Juden scheinen schon in den ältesten Zeiten wegen ihrer intimen Beziehungen zu dem Reiche des Traumes berühmt gewesen zu sein; Pharao lässt sich seine Träume von Joseph deuten, Nebukadnezar von Daniel, Titus (nach der Agadah-Gittin) von R. Jocha-non ben Sakaj, Pythagoras (nach der griechischen Sage) hat die Traumdeutung bei Juden gelernt. Hier einige Beispiele aus dieser Kunst der alten Hebräer, wie sie uns im Talmud erhalten blieb und die mit der Entdeckung Freuds, die Phantasie des Traumes sei eine Erfüllung der im wachenden Zustande unerfüllbaren Wünsche und Begierden, in gewisser Hinsicht in einem verblüffenden Maße übereinstimmt. (B'rachoth Haroce):[18])

R. Sch'muel bar Nachmeni sagte: »R. Jochanan sagte: Man lässt den Menschen (im Traume) nur etwas von den Gedanken seines Herzens schauen, denn es heißt (Daniel 2, 29): Deine Gedanken, dein Streben, o König, stiegen über deinem Lager hinauf«, und wenn du willst, so leite ich es von hier ab (Dn. 2, 30): »Und das Streben (Gedanken) deines Herzens erkennst du.« »Rabha sagte (als empirischer Beweis): Wisse, dass man dem Menschen (im Traume) weder eine Palme aus Gold zeigt noch einen Elefanten, der durch ein Nadelöhr durchgehen würde«, (d.h. irgend eine ungewöhnliche Sache, an die man nicht denkt – Raschis Kommentar.)

»Huna sagte: Einen guten Menschen lässt man nicht einen guten Traum und einen bösen Menschen lässt man keinen bösen Traum schauen.« (Nach Raschis Leseart sagt Huna: Einen guten Menschen lässt man einen bösen Traum sehen ...)

»R. S'ira sagte: Jeder, der sieben Tage traumlos lag, wird ›bös‹ genannt ...«

Nach Freuds Entdeckung können die zwei letzten Sprüche folgendermaßen erklärt werden: Ein guter Mensch, d.h. ein Mensch, der die unerlaubten Triebe und Wünsche zu verdrängen weiß, muss sie im Traume ausleben lassen. Sie verwandeln sich aber auch da infolge seiner moralischen »Traum-Zensur« in »böse«, unlustvolle Träume. Das wäre etwa der Sinn des ersten Satzes in Hunas Spruche. Der schlechte Mensch ist hingegen ein Mensch, der keine moralische Skrupel kennt. Hat er die äußere Möglichkeit, seinen bösen Trieben freien Lauf im Leben zu gewähren, so braucht er überhaupt keine Träume, um sie in seinem Phantasie-Leben ausleben zu lassen. Das sagt etwa R. S'ira. Besitzt der böse Mensch dagegen keine Möglichkeit, seine tierischen Wünsche im wirklichen Leben zu befriedigen, so lässt er sie in seinem Traumleben in Erfüllung gehen. Sie erscheinen da infolge seiner Morallosigkeit in ziemlich nackter Form als lustvolle »gute Träume«. – Nachsatz R. Hunas. Aus diesem Grunde werden auch scheinbar ganz harmlose Träume der bösen Menschen für unsittlich gehalten, z.B.: Ein Abtrünniger sagte zu R. Jischmael: Ich sah (im Traume), dass ich Olivenbäume mit Olivenöl tränke. – Ich sagte ihm: Das bedeutet den Beischlaf mit der eigenen Mutter. Er sagte mir: Ich sah, dass ich einen Stern abgepflückt ... und verschlungen habe ... Ich sagte ihm: Das bedeutet, dass du einen Israeliten (diese werden in der Bibel mit den Sternen verglichen – Raschi) gestohlen, dann (als Sklaven) verkauft und das so erworbene Geld verzehrt hast. Er sagte mir: Ich sah meine Augen, dass sie einander berühren (wörtlich »küssen«). Ich sagte ihm: Das bedeutet den Beischlaf mit der eigenen Schwester. Er sagte mir: Ich sah, dass ich den Mond küsste. Ich sagte ihm: Das bedeutet den Beischlaf mit einer verheirateten Frau usw.

»Wer davon träumt, dass er seiner Mutter beischläft, der erwarte, dass ihm höhere Vernunft (Binah) zuteil wird ...

Wer davon träumt, dass er einem Mädchen beischläft, das mit einem anderen Manne verlobt ist, der erwarte, dass ihm die Tora zuteil wird. Wer davon träumt, dass er seiner Schwester beischläft, der erwarte, dass ihm höhere Weisheit zuteil wird, denn es heißt (Prov. 7): Sage zur Weisheit, meine Schwester bist du. Wer davon träumt, dass er einer verheirateten

Frau beischläft, der erwarte, dass ihm das jenseitige Leben zuteil wird. (Vgl. den Spruch: Drei legen Zeugenschaft ab von der jenseitigen Welt ...) Aber all dies ist nur dann der Fall, wenn er sie nicht ›kannte‹ und am Vorabend nicht an sie gedacht hat.« (Brachoth dort). Nach Freud ist dieser Ausspruch etwa so zu erklären: Diese Träume sind nicht ein bloßer Reflex der zufälligen Gedanken vor dem Schlafe, sondern sie beweisen ein Vorhandensein tief wurzelnder, unbefriedigter sexueller Wünsche und diese führen auf dem Wege der »Sublimation« zum Erlangen höchster geistiger Güter.

Auch die Entdeckung Freuds, dass die Gegenstände, welche der Träumende in seiner Phantasie sieht, nur infolge der phonetischen Ähnlichkeit ihrer Namen mit den Namen ganz anderer Dinge verknüpft sind, die er eben gerne erleben möchte, hat im Talmud ihre Antizipation, z.B.:

»Wer (im Traume) Elefanten sieht, Wunder über Wunder geschehen ihm.« – Elefant heißt nämlich im Hebräischen pil, Wunder heißt pele.

Manchmal werden Namen verschiedener Gegenstände als Verschmelzungen mehrerer seltener Worte angesehen. (Vgl. Freuds Traumdeutung), wie z.B.:

»Wer eine Henne sieht, erwarte, dass ihm ein schöner Garten (Ein Lehrhaus – nach Raschi) und Jubel zuteil wird. – Das hebräische tarn'goleth (Henne) wird da als eine Verschmelzung der Worte tarbize (Garten), naah (schön), gila (Jubel) betrachtet.«

»... Er sagte mir (jener Abtrünnige zu R. Jischmael): Ich sah, dass man zu mir sprach: Dein Vater hinterließ dir Güter in Kapodekia (Kapadozien). Ich sagte ihm: Hast du Güter in Kapodekia? Er sagte mir: Nein! Ich sagte ihm: ging dein Vater nicht nach Kapodekia? Er sagte mir: Nein! Ich sagte ihm: Wenn dem so ist (so ist dieser Traum zu erklären, indem man das Wort Kapodekia in zwei Teile teilt, nämlich): kapo, Holzbalken – (nach Raschi ein persisches oder griechisches Wort), deka, zehn (griechisch), geh', sieh den zehnten Balken nach, dass er voll von Geldstücken ist.« (Brachoth dort.)

Auf diese Art sind wohl auch verschiedene geheimnisvolle »Namen« in der Kabbala zu erklären. So erklärt z.B. »S'phath Emeth« den im Sohar erwähnten »Namen« ZWRTQ als aus zwei Wörtern zusammengesetzt, wobei die Buchstaben des zweiten Wortes in umgekehrter Reihenfolge geschrieben seien, und das in der Mitte stehende R doppelt zu lesen sei, sodass dieser »Name« also zu lesen und zu deuten wäre: Zur-Q'tar d.h. (nach »S. E.«) »Der durch Kanälchen die S'phiroth verbindet«. (Im Buche »Rasiel« ist nun dieser »Name« ein wenig anders geschrieben. Der Buchstabe T (teth) ist dort durch den Buchstaben Th (taw) substituiert. Nach dieser Lesart erübrigt sich das vom »S. E.« vorgenommene Umdrehen der drei letzten Buchstaben dieses Wortes, denn die drei Konsonanten RThQ ergeben auch in dieser Reihenfolge ein Verbum, welches die Verbindung bedeutet, nämlich das Verbum ratteq.) Wir ersehen schon aus dieser Tatsache, dass zwischen der kabbalistischen Denkweise und dem Traume ein gewisser Zusammenhang besteht. späterer Zeit waren sich übrigens dieses Zusammenhanges ziemlich bewusst. Luzatto schreibt (im »Qlach«) bezüglich einer anderen Erscheinung, nämlich bezüglich der zahlreichen scheinbaren Widersprüche in den kabbalistischen Büchern (insbesondere in den »Schriften« Ari) wie folgt:

»Die S'phiroth können in ganz entgegengesetzten Gestalten erscheinen. Es ist genauso wie beim Träumenden, dem sich die Objekte in einem Augenblicke verändern ... Denn da all dies eine prophetische Vision ist, so können in einer Vision zwei entgegengesetzte Gestalten erscheinen und es gibt kein besseres Beispiel dafür als den Traum ... Das eigentliche Wesen der sich im Traume darstellenden Dinge erscheint gar nicht. Es ist vielmehr die Phantasie, die sie in Bildern erscheinen lässt, sodass die Seele in ihre Vorstellungen schaut und weiß, was ihr die Dinge enthüllen, ob Wahrheit oder Lüge ... Und grundlos wäre der Einwand, dass etwas (in einer kabbalistischen Schrift) vor kurzem in anderer Gestalt erschien als jetzt, denn so ist es die Art der Phantasie und ähnlich verhält sich's auch bei prophetischen Visionen, dass man einander widersprechende Bilder erblicken kann ... In dem kettenartigen Aneinanderfolgen der vollentwickelten S'phiroth (in den Parzuphin, Gesichtern) erscheint beispielsweise I'sod (Geschlechtsglied) des ›Alten‹

als an der Brust des ›Langsichtigen‹ endend und bei der ineinander erfolgenden ›Verkleidung‹ der S'phiroth erscheint I'sod des ›Alten‹ als am I'sod des ›Langsichtigen‹ endend (!) und beides ist richtig ...«

R. Nachman aus Boryslaw meint, der Mensch befinde sich eigentlich forwährend in einem gewissen Schlafzustande; nur wenn von den Zaddikim (»Gerechten«, Rabbinern) gesprochen wird, wacht er auf (aus dem Buche »Likute Ezoth«).

R. Pinchas aus Koritz meint, alle profanen Wissenschaften verhalten sich zu der Tora-Wissenschaft wie der Traum zur Wirklichkeit. Nicht nur alle Lebewesen und Gewächse, sondern auch die Elemente schlafen. Die Targum-Sprache (die verschiedenen aramäischen Dialekte), in der ja auch das Buch »Sohar« verfasst ist, ist eine Traumsprache. Denn die Zahlenwerte der Wörter targum (eigentlich »Übersetzung«) und tardemah (Schlummer) sind gleich. (Nach »Midrasch Pinchas«.)

Interessant ist, dass der Sohar ebenso wie die späteren kabbalistischen Denker die S'phiroth, die, wie wir gesehen haben, gleichsam himmlische Analoga der verschiedenen sexuellen Kräfte des Menschen darstellen, durch ganz ähnliche Objekte symbolisieren wie es auch im Traume und in der Mythologie die Traum-Zensur tut:

Der Weg, die Leiter ist ein Modus des I'sod-Eros. Das Haus, die Stiftshütte, die Bundeslade, Brunnen, Tor, Tisch, Brot, Garten stellen die Weiblichkeit dar, Spieß, Zepter, Schwert, Bogen, Pfeil, Baum, Säule u.a. die Männlichkeit. Dass der Sohar den Eros als die Grundlage der Tora, als den, »der die Gesetze gibt« darstellt, haben wir bereits im Kapitel VI-II ausgeführt. Dass nun auch der psychoanalytische »Oedipus-Komplex« (Siehe Freuds »Totem und Tabu«) wohl als eine Spezialerscheinung des »alles durch das Licht der Leidenschaft« umfassenden Eros als eine Quelle der Tora anzusehen ist, hat seine Analogie in folgender Sohar-Stelle, in der die Härte der Züchtigung auf den Vater, milde Belehrung dagegen auf die Mutter zurückgeführt und beides als Grundlage der Tora aufgefasst wird:

»Ich bin der Ewige, dein Gott, der Ich dich herausgeführt habe aus dem Ägyptenlande, aus dem Hause der Knechtschaft.« (Ex. 20, 2.) R. Eleasar eröffnete und sprach: »Höre, mein Sohn, die Züchtigung deines Vaters und weise nicht ab die Lehre deiner Mutter!« (Prov. 1, 8). »Höre, mein Sohn, die Züchtigung deines Vaters«, dies ist der Heilige, gesegnet sei Er (Gott-Vater) – »und weise die Lehre deiner Mutter nicht ab«, das ist die Gemeinschaft Israels (»untere« Mutter-Malchuth). R. Jehudah sagte: »die Züchtigung deines Vaters« das ist die »Weisheit« (die S'phirah Aba-Vater) »und weise die Lehre deiner Mutter nicht ab« dies ist die »Vernunft« (S'phirah Ima-Mutter). R. Jizchak sagte: beides erklärt dieselbe Sache, denn wir haben gelernt, die »Lehre« entspringt der höheren »Weisheit«. R. Josse sagte, der »Vernunft« entspringt sie ... Es sagte R. Jehudah: Die »Lehre« ist aus »Weisheit« (Vater) und »Vernunft« (Mutter) zusammengesetzt. Denn es ist geschrieben »Höre, mein Sohn, die Züchtigung deines Vaters und weise die Lehre deiner Mutter nicht ab.« ... (Sohar II, 85 a) – Wir können über dieses »Hellsehen« der alten jüdischen Kabbalisten nicht genug staunen.

Der dunkle Stil der Sohar ist überhaupt ganz traumartig. Die darin erwähnten Weisen führen ihre mystischen Gespräche, nachdem sie sich meistens auf »Wege« in Wüsten, Gebirge oder »unter die Bäume des Feldes« begeben haben. Diese »Wege« bedeuten aber nichts anderes als das – dem Träumenden noch etwas bewusste – Scheiden aus der Wirklichkeit in das Land des Traumes. (Vgl. Silberers »Symbolik der Mystik«.) Dabei sind die gewöhnlich dort genannten zehn Weisen mit den zehn S'phiroth identisch, so dass ihre Reden eigentlich wie die »Harmonie der Sphären« klingen. Eine an Traum ganz besonders erinnernde Stelle befindet sich im zweiten Teil, Fol. 94 b bis 114 a. Diese Stelle, welche das Geheimnis des jenseitigen Seelenlebens symbolistisch aus den im zweiten Buche Moses niedergelegten Sklavengesetzen beleuchtet, erinnert in ihrer Plastik und in den Rätseln, welche der darin die führende Rolle einnehmende »Greis« an den »wandernden« R. Josse stellt und mit denen er ihn »plagt«, direkt an das traumhafte alchimistische Schriftstück, das Silberer eingangs seines Werkes analysiert. Einige dramatische Stellen, unbegründetes Weinen, mystisches Schweigen, die gegenseitigen Küsse der Weisen u.a. erhöhen noch den Eindruck, welchen schon der tiefe Inhalt dieser Sohar-Stelle allein ausüben würde. Die Stelle endet mit folgenden Worten: »da standen diese (die ›Genossen‹, die Gelehrten) auf wie jemand, der aus dem Schlafe erwacht ...«; also die Kabbalisten waren sich ihres Zustandes ziemlich bewusst, wie wir es schon oben gezeigt haben.

An »Wunschträume« stark erinnernde Stellen finden sich bei einigen späteren Kabbalisten.

Der in seinem ganzen Leben und Streben so asketische, bescheidene und – unglückliche R. Joseph ben Ephraim Karo, der scharfsinnige und gelehrte »Verfasser« des »Schulchan Aruch« (1488-1575, zuletzt in Safed) hat wiederholt Visionen, oder besser Auditionen, in denen ihm seine Mutter als Verkörperung der »Mischnah« (die in der älteren Partie des Talmuds kodifizierte Tradition) oder ein »Maggid«, himmlischer Verkünder, den er »mein geliebter Freund« nennt, erscheinen, ihn zurechtweisen, dass er zu viel esse, zuviel Wasser trinke(!), dass er einige Stunden in der Nacht schlafe und nicht an die Tora denke. Dann enthüllt ihm aber der Maggid göttliche Geheimnisse in der Bibel und in den Sprüchen der Talmudweisen über die Seele und die oberen Welten und gibt ihm auch »Versprechungen«, deren »Ehrgeiz« nur ein Psychoanalytiker verstehen kann. Seine Visionen hat er im Buche »Maggid Mescharim« schriftlich niedergelegt in dem damals üblichen Aramäisch-Hebräisch, das hier wunderbar kraftvoll und pathetisch klingt.

»In der Nacht am 27. Ijar an dem Sabbat (da in der Synagoge) der Abschnitt ›In der Wüste von Sinai‹ (vorgelesen wird), habe ich nur sehr wenig gegessen und so tat ich es auch mit Trinken und habe die Teile der Mischnah am Beginn der Nacht wiederholt. Danach schlief ich bis zum Tageslicht und kam erst auf, als die Sonne über die Erde aufging, und es tat mir sehr leid, dass ich nicht noch nachts aufgestanden war, damit zu mir, wie gewöhnlich, das ›Wort‹ kommt. Trotzdem habe ich angefangen die Mischnah zu studieren und las fünf Abschnitte. Und während ich noch in der Mischnah lese, siehe, die Stimme meines Freundes ›klopft‹ (Anspielung auf einen Vers im Hohenlied) in meinem Munde von selbst musizierend und begann und sprach: ›Gott mit dir überall, wo du gehst und alles, was du tatst, und was du tun wirst, möge Gott in deiner Hand zum Gelingen bringen, wenn du dich nur stets an mich und an meine Ehrfurcht und an meine Tora und an meine Mischnah anschmiegst und nicht, wie du in dieser Nacht getan hast ..., da du den Schlaf eines Faulenzers schliefst ... und nicht aufstandest, um in der Mischnah zu lesen, wie es dein guter Gebrauch ist. Und darum hättest du verdient, dass du verlassen und verstoßen werdest, nachdem du dem Samael und der Schlange und dem bösen Triebe Kraft gespendet hast durch deinen Schlaf, den du bis zum Tagesanbruch schliefst. Aber durch Verdienst der sechs Bände der Mischnah, die du auswendig kannst, und durch das Verdienst all jener Kasteiungen und Peinigungen, die du in den früheren Tagen getan hast, und sie auch noch jetzt einhältst, hat das himmlische Gelehrtenkollegium beschlossen, dass ich mit dir wieder spreche wie früher und dich nicht verlasse und dich nicht verstoße ... Und deine Augen sehen, dass seit vielen Geschlechtern niemand diese hohe Stufe außer einigen wenigen Auserwählten erreicht hat. Darum horche, mein Sohn, auf meine Stimme, was ich dir befehle, dass du immer nur mit meiner Tora beschäftigt seiest, Tag und Nacht, ohne Unterbrechung und denke an keines der weltlichen Dinge, sondern nur an die Tora-Worte und an meine Ehrfurcht und an meine Mischnah!‹ – Daraufhin schlief ich etwa eine halbe Stunde und erwachte gekränkt, indem ich sagte: o wie ward das ›Wort‹ infolge meines Schlafes unterbrochen! Und ich las die Mischnah und ›die Stimme meines Freundes klopft‹ in meinem Munde und spricht: Wisse, dass dir der Heilige, gesegnet sei Er und das ganze himmlische Kollegium den Friedensgruß schickt ... auch kasteie dich, wie ich gesagt habe, damit du den Propheten Elia wachend siehst von Angesicht zu Angesicht ... und er wird dir den Friedensgruß geben und dein Lehrer werden, damit er dich alle Geheimnisse der Tora lehrt ... Und das Geheimnis der Sache ist, und das Geheimnis der Sache ist, und das Geheimnis der Sache ist: Und so sprach er länger als eine Stunde, wie wenn er sich weigern würde, es mir mitzuteilen ...‹ Und wisse, dass du bald aus dem Auslande ein großes Vermögen erhältst, damit du deine Schüler ernähren kannst, und sie werden sich mehren und große Gelehrte werden aus ihnen ausgehen, und ein Schüler, der in deiner Lehrstätte nicht studiert hat, wird nicht für jemanden, der überhaupt etwas weiß, gehalten werden. Und du wirst erhöht und erhoben werden, denn ich mache dich groß und erhebe und erhöhe dich und mache dich zum Fürsten über mein Volk Israel. Deine Lehrstätte wird größer als die Lehrstätte Izchak Abuhabh, meines Auserwählten, deine Söhne werden Mitglieder des Sanhedrion in der ›Richterhalle‹ (des neu zuerbauenden Heiligtums in Jerusalem) werden und du wirst sehen, wie sie die Opfergesetze lehren werden ... usw.«

»In der Sabbat-Nacht am 22. Adar. Gott mit dir, usw. Dass du dich nur an mich anschmiegst und an meine Ehrfurcht und an meine Mischnah, dass du deine Gedanken von ihnen auch keinen Augenblick trennst. Und siehe, ich setze dich zum Fürsten über mein

Volk. Ich habe dich gemahnt, dass du keinen Augenblick deine Gedanken von meiner Ehrfurcht und von meiner Mischnah ablenkst ... Und du wirst erleben, dass durch dich Wunder geschehen werden wie durch die ›Ersten‹ und es wird erkennen dieses Volk, dass ein Gott ist in Israel ... Und längst habe ich dich gemahnt, wie sehr du bescheiden sein sollst, dass du wegen nichts auf der Welt zürnen sollst ... Und wüsstest du, wie viele Welten zugrundegehen müssen, wenn du deine Gedanken an die Tora-Worte unterbrichst, so würdest du für keinen Augenblick unterbrechen. Denn, wenn du auf der Gasse gehst und an meine Mischnah denkst, da schreiten meine geheimen Welten vor dir und rufen aus: bezeuget Ehre dem Antlitze des Königs!‹ Und unzählige Heerscharen begleiten dich. Über ihnen beben viele, viele Welten anlässlich dieses Rufes, sie fragen und sprechen: ›Wer ist dieser Mann, dessen Ehren der König aller Könige will? Siehe, es ist der große Lehrer, der Älteste des Landes Israel, es ist der Vorsitzende des gelehrten Kollegiums Palästinas. Er ist der größte Autor Palästinas ...‹ Und ich lasse dich der Gnade teilhaft werden, dass du dein Werk ganz fehlerfrei vollendest ... und es findet Verbreitung in ganz Israel ... Und heilige dich während des geschlechtlichen Aktes, sowie es im Talmud vom R. Elieser heißt ... und dadurch wirst du deinem Sohne (der erst geboren sein soll) eine heilige Seele aus dem Garten des Eden herbeiziehen und er wird ein großer Weiser und Frommer werden.

Und nach dem Ableben deiner Frau wirst du zwei Frauen heiraten, die eine nach der anderen, und wirst mit ihnen weise Kinder erzeugen, alle gottesfürchtig und wahrhaftig der Tora beflissen ... Und nach all dem werde ich dich der Gnade teilhaft machen, dass du verbrannt werdest zur Heiligung meines Namens (diese Todesart wird ihm in mehreren Visionen als die höchste Gnade zugesagt) und all deine Sünden und Verschulden werden durch Feuer verzehrt werden und dann werden alle ›Gerechten‹ des Garten Eden dir entgegenkommen und die Göttlichkeit an ihrer Spitze und werden dich mit vielen Liedern und Lobgesängen empfangen, wie einen allen voranschreitenden Bräutigam werden sie dich führen. Alle werden sie dich unter deinen Baldachin führen.

Und siehe, ich habe dir sieben Baldachine bereitet ... und im höchsten sind sieben Balsamströme und man bereitet dir einen goldenen Thron mit sieben Stufen, in welchem viele Perlen und Edelsteine befestigt sind, und alle ›Gerechten‹ werden dich begleiten ... bis du zu dem letzten Baldachin gelangst, werden an dir vierzehn Ehrenkleider sein ... und zwei Gerechte, einer zur Rechten und einer zur Linken ... werden dich auf den Thron setzen ... eine Krone auf dein Haupt stellen ... und alle die Gerechten werden sich ringsherum setzen und werden mit dir über Tora-Worte disputieren ... und nach hundertundachtzig Tagen wirst du ein Mahl[19] der Tora für alle Gerechten des Paradieses geben und wirst volle sieben Tage die Tora-Worte, welche du in dieser Welt gelernt hast, allein vortragen ... und dann wird man dich führen ... bis zu den dreizehn Balsamströmen und du wirst untertauchen ... und siehe, der Engel Michael wird deine Seele vor dem Heiligen, gesegnet sei Er, als Opfer darbringen und von nun ab darf nichts mehr enthüllt werden, denn kein Auge kann das Göttliche schauen. – Und darum sündige nicht und wenn dich der böse Trieb bewältigen wollte, so schreie gegen ihn. Soll denn ein Mann wie ich, der solche hohe Stufen erlangen soll, durch schlechte Gedanken sündigen?

Und siehe, unter all diesen Geheimnissen gibt es so viele erhabene Geheimnisse verborgen, darum öffne deine Augen! Und siehe, alle Gerechte halten Fürsprache für dich: Alfasi, Majmonides, R. Ascher, da du dich mit ihren Worten beschäftigst, sie erklärst und nach ihnen entscheidest« usw.

Hier nun zum Schluss noch ein »Traum« des jungen R. Schelomo Molcho, der Sohn bereits getaufter Eltern und ein hoher Beamter des Königs von Portugal war.

»... Und nachdem der fromme Held, mein Herr R. David Reubeni an den Hof des Königs von Portugal kam, sah ich im nächtlichen Traume erschütternde Visionen verschiedener Gestalt, sodass ich sehr erschrak ... und täglich ging ich vor meinem Herrn R. David Reubeni umher und erzählte ihm, was ich in meinem Traume gesehen hatte, denn es fiel mir ein, dass er die Ursache sei, dass mir jene Dinge erschienen. Aber er hielt alles verborgen vor mir und sagte zu mir: ›Ich weiß nichts davon ...‹ Und ich sagte in meinem Herzen, vielleicht will er es mir nicht offenbaren, erst bis ich meine Beschneidung vollbracht haben werde. In der Nacht habe ich die Beschneidung ganz allein an mir vorgenommen, obzwar ich dabei furchtbaren Schmerz fühlte und ohnmächtig wurde, denn das Blut strömte aus ...

Und nun will ich von Visionen, die ich im Traume sah, erzählen:

»Ich blickte auf und siehe, ein ehrwürdiger Greis mit einem langen, schneeweißen Barte sprach zu mir: Komme mit mir in diese Ruine von den Trümmern Jerusalems. Und ich ging mit ihm hin. Inzwischen war mir aber, als sei ich seit langem unterwegs. Und am Wege sah ich drei Bäume aus einer Wurzel wachsend und ihre Zweige gingen gegen alle Seiten aus. Und auf den Zweigen sah ich viele weiße Tauben und darunter einige aschfarbige Tauben und diese waren zahlreicher als die weißen. Und man sah, dass die Aschfarbe[20] an ihnen nicht vom Anfang an war, sondern, dass sie zuerst weiß waren und dann aschenfarbig wurden. Und darunter noch andere, schwarze

Tauben und dieser waren weniger als der weißen. Und gleich daneben war ein großes viereckiges Feld und inmitten des Feldes floss ein großer Fluss. Und jenseits des Flusses war vieles Kriegsvolk, bewaffnete Reiter auf Pferden, die mit Eisenkugeln und Feuer schössen. Und das Ziel dieses Heeres war, die Bäume zu vernichten ... Aber sie konnten zu den Bäumen nicht gelangen, denn der Fluss trennte sie von ihnen. Und sie schössen gegen die schwarzen Tauben und diese fielen gleich zu Boden, worauf große Vögel kamen und ihr Fleisch restlos verzehrten... Da näherten sich mir Männer, welche mich fragten: ›Was ist das?‹ und ich sprach: ›Dieses Kriegsvolk erschlug diese Tauben und nun will es auch die schönen weißen Tauben erschlagen ...‹ Und es sprachen die Männer: ›Machen wir einen Zaum, um sie zu schützen. ...‹ Und wir eilten, um dies zu machen. Aber die Krieger hörten nicht auf, die Tauben zu toten ... und erschlugen auch einige Männer, die mit mir waren, und die großen Vögel stiegen hinab, um ihr Fleisch zu verzehren ... Inzwischen schlugen sie mich mit einer Eisenkugel in die Brust ... und ich strengte mich sehr an, damit ich nicht umfalle, aber ich vermochte es nicht auszuhalten und fiel zu Boden. Und fallend sagte ich: ›Wehe mir, dass Vögel mein Fleisch essen werden ... und dass man mich nicht begraben wird unter meinen Brüdern!‹ Trotzdem war ich aber bei vollem Bewusstsein und sagte zu mir: ›Es ist wahr, was man sagte, als ich noch am Leben war, dass man viel größere Dinge nach dem Tode erblickt als im Leben.‹ Und ich sah die Tauben ... Und die Männer, die mit mir waren, führten eine Frau zu mir und fragen: ›Wer ist diese Frau, wessen Gattin ist sie?‹ – Und bis jetzt ist es mir nicht erlaubt worden, ihren Namen zu verraten. Und die Frau betete zu Gott (gepriesen sei Er!) und flehte, dass er mich heile, und die Männer trauerten um mich sehr. Und der Tauben waren immer weniger und viele änderten ihre Farbe. Und inmitten des Gebetes jener Frau erblickte ich eine Person wie einen Mann in schneeweißen Kleidern und von göttlichem Aussehen. Und einen anderen Mann sah ich ihm gegenüber und noch erschütternder als den ersten, und seine Kleider weißer und kostbarer und herrlicher. Und in seiner Hand hielt er eine große Waage und wollte an ihr Gleichgewicht erzielen ... und schlug denselben Weg ein wie der erste Mann, den ich sah. Der zweite, der größere ging in der Luft ihm entgegen, bis sie beide zu dem Orte gelangten, wo ich lag ... Da schickte der Mann jene Männer in die Ferne, bis kein einziger auf dem Felde zu sehen war, und wir beiden blieben allein. Und der zweite, große Mann stand in der Luft über uns. Und der erste Mann fiel auf mich und legte seinen Mund an meinen Mund, seine Augen an meine Augen, seine Hände an meine Hände und sprach zu mir still im Namen unseres Gottes einige Male, bis er mich wieder aufstellte und sprach: ›Hast du verstanden, was diese Tauben bedeuten ... und auch, was diese Gojim (Völker) sind, die sie morden? ...‹ Und ich antwortete: ›Nein, mein Herr, dein Knecht verstand es bisher nicht ...‹«

X.

EN-SOPH

Tat tvam asi – das bist du selbst (Upanischada)

Dieser »Wein« (d. i. der Weltgeist) dessen Geist vielgestaltiger Art,
In der Pflanze sich gleichwie im Tier offenbart,
Bleibt immer derselbe, ein ewiges Eins,
Nur wechselnd die Formen des schwindenden Seins.

(Otmar ibn Chajam, der Perser.)

Es ist wohl sehr schwer für den erwachsenen Menschen, die dichte Wolke des »Vergessens« zu durchdringen, die sich über alle Neigungen und Abneigungen seiner Kindheit ausbreitet. Und doch haben diese tief im Unbewussten des Menschen aufbewahrten kindlichen Regungen eine eminent schicksalsbestimmende Bedeutung für die ganze Dauer des Menschenlebens.

Aber noch viel tiefer, viel tiefer und dem Bewusstsein entfernter liegt die eigentliche Triebfeder unseres psychischen Mechanismus. Es ist dies das unerforschliche Schicksal, welches unsere Eltern einst verbunden hat (sei es aus »freiem« Antriebe, wie es die Liebe Jakobs zu Rachel war, oder durch Vermittlung, wie die Verbindung Isaks mit Rebeka durch Elieser, den Knecht Abrahams), jenes Schicksal, an welchem wir so gerne unsere Mitschuld leugnen möchten, obzwar die Notwendigkeit unserer Daseinsform darin gefasst ist, wie ein Edelstein in den Zauberring.

Und in dieses geheime Schicksal hinein senkt sich durch unzählige »Stufen«, durch unzählige »Verschleierungen« – die »Ursache aller Ursachen und der Beweggrund aller Beweggründe« »Un-Endlich, En-Soph, gepriesen sei Er!«, »der die zueinander Gehörenden verbindet und vereinigt« (Sohar, Pinchas) der auf der höchsten Stufe der I'sod-Leiter steht, die Jakob in seinem Traume sah, weshalb auch das Entbrennen des Eros »Schalhebheth-Ja« Flamme Gottes genannt wird. (Ct. 8, 6.)

En-Soph ist so rein, dass sogar die höchste aller S'phiroth Kether Eljon, »obwohl sie das hellste, das allerreinste Licht« ist – schwarz vor ihm erscheint. (Tikunim 134.) Er »erfüllt den Himmel und die Erde« (Jes. 23, 24), aber »auch der Himmel erscheint nicht rein genug in Seinen Augen« (Job 15, 15). Dies ist aber keine Geringschätzung des »Himmels«, nur ein Beweis Seiner großen Liebe zu ihm: Er erscheint Ihm immer als nicht ganz vollkommen erschaffen, darum verschönert Er ihn fortwährend und macht ihn stets reiner und schöner in Seiner großen Liebe zu ihm. (Sphath-Emeth.) »Die unendliche Liebe ist überhaupt das einzige, was wir von Seiner Natur wissen. (Vgl. Ex. 33, 19, 23), denn Er ist »vor allen Gedanken verborgen«. Sein Name ist »alles-Sein-Ewig-Verursachender«. Darum war, glaube ich, auch das »Nicht-Sein« und das »Böse« das erste, was er schuf. (Siehe Luzattos »Qlach«!) Denn Seinem unendlichen Genius ziemt es, nur unendliche Handlungen zu vollbringen (»Qlach«), darum schuf Er wohl die Seinem unendlichen guten Wesen unendlich Entfernten: das »Nicht-Sein« als einen »freien Ort« für die zu erschaffenden Welten (»Qlach«) und das »Böse«, damit alle Seelen dadurch, dass sie es überwunden oder in Lebens- und Höllenqualen eingebüßt hatten, ohne Scham das »Brot« des Königs in der künftigen Welt genießen können. Denn es wäre kein tieferer Schmerz für die Seelen der »Kömgssöhne«, es als das »Brot der Schande« genießen zu müssen. Diese Absicht bei der Schöpfung wird »das Zentrum des Un-Endlichen« genannt. (»Qlach«.)

So mündet also auch das »Böse«, die Sünde, alle Schmerzen und Leiden letzten Endes in das absolut Gute. R. Eleasar aus Worms lehrte (»Sepher ha-Rokeach«): Es gibt keine Liebe wie die Liebe zu Ihm.

»Die ganze Schöpfung gleicht einem Baume, der nur aus seinen Wurzeln lebt; also leben alle Kreaturen nur aus der ›Ursache aller Ursachen‹, welche die allbelebende Wurzel ist.« (»Reschith Chochmah« Schaar I.) – Auch die Sünde kann nur dank Seiner allbelebenden und allumfassenden Liebe begangen werden, wie es der große Kabbaiist R. Abraham Asulaj aus Fes (erstarb 1644) so ergreifend ausdrückt: »Wer ist wie du, o Gott.« ... (Micha 7, 18). Dieses Prophetenwort bezieht sich darauf, dass der Heilige, gesegnet sei Er, »Beleidigter König« genannt wird. Denn Er duldet Beleidigung, wie es kein Gedanke zu fassen vermag. Es gibt ja keinen einzigen Augenblick, in dem der Mensch nicht durch die obere Kraft genährt würde, die Er ihm in Fülle spendet.

Daraus folgt also, dass der Mensch auch nicht sündigen kann, ohne dass Er ihm in demselben Augenblick die zu seinem Dasein und zu den Bewegungen seiner Organe nötige Lebenssubstanz zuführen würde.

Und wenn nun der Mensch sündigt, entzieht er ihm den Strom Seiner Lebenssubstanz nicht, sondern duldet diese Beleidigung:

Er spendet ihm die zu den Bewegungen seiner Organe nötige Kraft und der Mensch verwendet diese Kraft seiner Glieder in demselben Augenblicke zu Sünde und Frevel und kränkt ihn dadurch. Aber der Heilige, gesegnet sei Er, obzwar Er Macht besitzt, die zu spendende Kraft bei Sich einzuhalten, – Er könnte ja eigentlich zum Sünder sagen: »der du gegen Mich sündigst, sündige mittels des deinigen und nicht mittels des Meinigen!« – trotzdem entzieht Er dem Menschen das Gute nicht, sondern duldet die Beleidigung. Und diese Beleidigung ist unermesslich. Und darum nennen ihn die Engel »Beleidigter König« ...

Und siehe, dies ist eine Tugend, die der Mensch üben soll: die Geduld. Und ist er auch bis zu diesem Grade beleidigt, so soll er dennoch seine Wohltätigkeit dem Beschenkten nicht entziehen. (»B'rechath Abraham«)

Die Tora-Gesetze sind »Organe des Königs«. (Sohar II, 85 b.) Die Tora selbst liebkost Er in Seinem Schöße. (Talmud-Abhodah Sarah) Wie wohl die jüdischen Gebete alle neben ihrem schönen, einfachen Inhalte auch einen mystischen haben und die Seele sich bei ihrem Vortragen zu den himmlischen Palästen und S'phiroth erhebt (»Siddur Ari«), so sollen unsere Gedanken doch nur auf Ihn, gesegnet sei Er, gerichtet sein, denn »Er verlangt vom Menschen das Herz« (Talmud).

Aber sogar ein böser Gedanke ist ganz von Ihm erfüllt – denn Er ist überall und alles existiert nur duch Ihn. So erklärte auch Baal-Schem das Talmud-Verbot, den Bibelvers: »Höre Israel, der alles-Sein-ewig-Verursachende ist unser Gott, der alles-Sein-ewig-Verursachende ist einzig!« (Deut. 7, 4), den jeder Israelit jeden Morgen und Abend »mit Liebe« auszusprechen hat, zu wiederholen, wenn man den vollen Sinn dieser heiligen Worte nicht erfasst hat oder gar ganz andere, schlechte Gedanken dabei gehabt hat. Denn, sagt Baal--Schem, würde der Mensch diesen Satz wiederholen, so würde es doch aussehen, als ob er glauben würde, dass der von ihm gedachte schlechte Gedanke nicht den Un-Endlichen in sich berge und das würde dem Grundprinzipe der jüdischen Lehre, nämlich der Allgegenwärtigkeit, widersprechen. (»Kether Sehern Tobh«.)

R. Elimelech aus Lischensk erklärt den Bibelvers »Überzeuget euch (Taamu) und sehet, dass Gott gut ist!« (Ps. 34, 9) also: »Habet ihr etwas gekostet (das hebräische Wort taamu bedeutet eigentlich: kostet!) oder gesehen und es war gut und schön, so wisset, dass dieses Gute Gott ist!« (»Noam Elimelech«.)

R. Bär, der »Verkünder« aus Mesiritz lehrte:

Wenn der Mensch im Talmud lernt, den Namen[21] des einen oder des anderen dort vorkommenden Weisen ausspricht und dabei die Gedanken seines Herzens »in Ehrfurcht und in Liebe« an den alles-Sein-ewig-Verursachenden richtet, so zieht er dadurch Lebenskraft aus dem Ur-Quell des Lebens in den Namen des Weisen, belebt dadurch den betreffenden Ausspruch, der doch nur ein Teilchen des »Gehirns« jenes Weisen ist, und es ist genau so, als ob er jenen Spruch aus dem lebenden Munde seines Autors gelernt hätte.

»Außer Ihm gibt es keine Einheit weder in den Oberen noch in den der Unteren.« (Sohar) Und je klaffender die scheinbaren Gegensätze der Elemente waren, die Er in Seiner Einheit bindet, desto intensiver ist das Erscheinen Seiner Herrlichkeit aus der entstandenen Harmonie. (Tanja) Darum lehren auch alle Talmud- und Kabbala-Weisen, dass nirgends das Sich-Offenbaren des Un-Endlichen so groß ist wie in Palästina, welches in der unendlichen Mannigfaltigkeit seiner Täler und Berge, in der tropischen Hitze der Jordan-Ebene und dem ewigen Schnee der Libanon-Spitzen, in der Feuchtigkeit seiner Meere und der Trockenheit seiner Wüsten, die alle in diesem kleinen Winkel der Erde verbunden sind, vielleicht nur in der bis aufs äußerste zerrissenen Volksseele Israels allein ein Ebenbild hat.

Und überall, wo ein Kampf zu Ende ist und der Frieden hergestellt, überall dort offenbart Er sich. »Und wenn das ganze Volk in Eintracht lebt, selbst wenn es Götzendienst treiben würde, so vergibt Er ihnen und lässt Seine Herrlichkeit unter ihnen walten«. (Midrasch.) Umso größer wird Seine Offenbarung sein, bis alle Völker ewigen Frieden geschlossen haben »und ihre Schwerter in Spaten und ihre Spieße in Winzermesser umschmieden werden, ein Volk gegen das andere nicht mehr das Schwert erheben und nicht mehr die Kriegskunst üben wird«, (Jes. 2, 4). Dann – dann wird Seine Offenbarung vollkommen werden »und es wird die ganze Erde voll Erkenntnis Gottes sein, wie Wasser den Raum des Meeres ausfüllt«. (Jes. 11, 9.)

Es wäre verfehlt zu glauben, dass alle Geschöpfe und alle Objekte und Ideen nur »Teile« des Un-Endlichen seien. Nein! Auch in dem kleinsten von ihnen ist Er ganz enthalten, in »vollkommener Gestalt«, denn er ist unteilbar. So sagt z.B. R. Abraham Kohen Ariri[22] (»Schaar haschamajim« 5): »Er ist Eins in Unendlichkeit Seines Wesens, in absoluter Einfachheit. Er ist völlig unteilbar und in allen Seinen Handlungen, in allen Wesen ist Er in Seiner Gänze enthalten, in jedem einzelnen von ihnen und in ihren kleinsten Teilchen in absoluter Vollkommenheit.«

Ähnliches sagt auch ein indischer Upanischada-Denker in herrlicher Weise: »Dieser Athman (das menschliche Wesen), das ich in meinem Herzen habe, ist kleiner als ein Reissamen, kleiner als eine Gerste, kleiner als ein Senfkörnchen ... Dieser Athman, den ich in meinem Herzen habe, ist größer als der Erdball, größer als der Luftraum, größer als der Himmel, größer als alle Weltenräume. In ihm sind alle Taten, alle Wünsche, alle Gerüche, alle Geschmäcke enthalten, er umfasst alles, er spricht nicht und sorgt um Nichts. Dieser Athman, den ich in meinem Herzen habe, das ist dieser Brahman (En-Soph). Mit ihm werde ich Eins, wenn ich aus diesem Leben scheide. Wer diese Erkenntnis erreicht hat, für den gibt es wahrlich keine Zweifel mehr. Spricht Dschandilija – Dschandilija.«

Und so schließt auch unser R. Abhraham Ariri sein Kapitel: »Und nach dem Wesen der

Einheit verlange und sehne dich! Denn jedermann wird ewig und vollkommen in der Einheit, aus der er besteht!«

»Freund der Seele, barmherziger Vater, ziehe Deinen Knecht zu Deinem Willen!
Es möge eilen Dein Knecht wie ein Reh vor Deiner Herrlichkeit sich bücken!
Es sei ihm süßer Deine Freundschaft als Honig und alle Geschmäcke!

O Prächtiger, o Schöner, Licht der Welt, meine Seele krankt nach Deiner Liebe!
Ich bitte Dich, o Gott, ich bitte, o heile sie, indem Du ihr Dein liebes Licht zeigst!
Dann wird sie geheilt und stark sein, der ewigen Freude teilhaft.

O Starker, es möge Dein Erbarmen wollen, erbarme Dich Deines geliebten Sohnes!
Denn wie lange sehne ich mich schon in Siegesglanz Deine Pracht zu schauen!
Mein Gott! Sehnsucht meines Herzens, erbarme Dich, bleib nicht verborgen!

Enthülle Dich, und spreite, mein Freund,
das Zelt Deines Friedens über mich!
Es leuchte die Erde von Deinem Ruhme, eile,
liebe, es kam die Zeit, begnade uns wie die e-
wigen Tage!«

(Chassidisches Gebet aus dem Buche »Charedim«
des R. Eleasar Askari.)

Anmerkungen

1. Die strengwissenschaftliche Transskription hebräischer und aramäischer Wörter ist nur bei jenen Ausdrücken, die weniger gebräuchlich sind, angewendet.

2. Ich möchte einmal die Beeinflussungstheorie umkehren und den Versuch wagen, ob nicht vielleicht das gerade Gegenteil ihrer Ergebnisse nachweisbar wäre, d.h. ob es keine Anhaltspunkte dafür gäbe, dass die griechische Philosophie durch die hebräische, bzw. durch die all gemein semitische Kultur beeinflusst wurde. Es wird sicher niemand dem einfallen, das hohe Alter spezifisch hebräisch-semitischer An Schauungen zu bezweifeln, wie z.B. die Erschaffung des Menschen aus der Erde (im Hebräischen heißt der Mensch adam, die Erde adamah, siehe Genesis 1), die Ansicht »das Blut ist die Seele« (Deut. 12, 23, Gen. 9, 4), den jüdischen Monotheismus. Dies alles kommt ja in den ältesten hebräischen Quellen vor. Wie befremdend mutet es aber an, wenn wir nun diesen drei Anschauungen in der Philosophie des alten, aber doch gegenüber den hebräischen Quellen viel jüngeren Griechen Empedokles begegnen. Dass ein anderer griechischer Philosoph, Anaxagoras, unter jüdischem Einflüsse zu sein scheint, bemerkte bereits Gladisch. Von größerer Wichtigkeit sind jedoch für unsere Betrachtung die drei hellenischen Schulen: der Pythagoräer, Platoniker und der ersten Stoiker, als deren Schüler der a-

lexandrinische Jude Philo angesehen wird, der wiederum als der Begründer der Kabbala gilt. – Dass dadurch Philo eine größere Ehre geschieht, als ihm eigentlich gebührt, ist klar. Denn die einzige Ähnlichkeit Philos mit der Kabbala besteht darin, dass er eine allegorische Erklärung des Pentateuch durchführt, was später in einer anderen Weise auch das kabbalistische Buch Sohar getan hat. Innere Ähnlichkeiten gibt es merkwürdigerweise so gut wie keine, eben weil Philo weniger aus der jüdischen Tradition als aus der fremden Philosophie geschöpft hat. – Von Pythagoras nun erzählen viele alte griechische Sagen, dass er seine Religionsphilosophie in Ägypten, Palästina, Syrien und Mesopotamien gelernt habe. Tatsächlich hat die asketische Lebensweise seiner Schüler eher Ähnlichkeit mit dem Wandel der Propheten und Nasiräer im alten Israel als mit griechischer Lebensführung. Des Pythagoras Lehre von den zehn Urbegriffen hat allerdings mit den kabbalistischen zehn S'phiroth nur die Zahl zehn gemeinsam, aber seine Zahlenmystik scheint schon bei der Verfassung des Pentateuch eine wichtige Rolle zu spielen (siehe Oskar Goldbergers Werk »Das Pentateuch ein Zahlengebäude«). Die aus der griechischen Entwicklung stark ausspringende Artung Piatos hat bereits Nietzsche zu der scharfsinnigen Bemerkung veranlasst, dass Plato vom Judentum beeinflusst sei. Diese Annahme erscheint heute umso wahrscheinlicher, als man in Piatos Ideen auch babylonische und iranische Elemente entdeckt hat. Und Zenon, der Begründer der Stoa? Ich begnüge mich mit der Bemerkung, dass dieser Mann, der anfangs ein unternehmungslustiger Handelsmann war, aus Kypern stammt, dass die Hälfte der Bewohner seiner Heimat Semiten waren und dass sein Vater weder Herakles noch Achilles sondern einfach – Menasse hieß ... (Wenn wir den Umstand in Betracht ziehen, dass auch die anderen ersten Stoiker aus Asien stammen, Diogenes »der Babylonier« und Poseidonios »der Syrier«, so wird uns das Bibelbuch »Der Prediger«, in welchem man gewisse Elemente der »griechischen« Stoa erblicken will, denn doch in einem »originaleren« Lichte erscheinen.) Es ist aber gar nicht meine Absicht, hier Beweise gegen die Originalität der griechischen Philosophie zu bringen, zumal ich eben von solchen Nachweisen pro und contra, wie schon gesagt, wenig halte. Ich wollte nur zeigen, wohin man auch gelangen kann, wenn man dieses zweischneidige Schwert, die komplizierte Abhängigkeitsmethode, anwendet.

3. Über die »S'phiroth« vgl. Anm. 11

4. Karäer, eine jüdische Sekte, die den größten Teil der »mündlichen Überlieferung« ablehnt.

5. Er starb i.J. 1604.

6. Siehe Martin Buber »Die Legende des Baal-Schem«

7. Einer ähnlichen Anschauung begegnen wir bei dem großen deutschen Mystiker des Mittelalters Johannes Eckhart: ein Mystiker müsse gewillt

sein, auch Gottes selbst sich zu entsagen. Vgl. übrigens auch Math. 16, 25

8. tartil

9. nigun

10. Solche in Form von Sprichwörtern tradierte und dann in das Pentateuch aufgenommene prähistorische Gesetze gibt es mehrere. So z.B.: »Wer vergießt das Blut des Menschen – durch den Menschen sei sein Blut vergossen!« (Gen. 9, 6) oder »Auge um Auge, Zahn um Zahn!« (Lev. 29, 19) u.a. Über das letztere siehe Dr. J. Horowitzs Abhandlung in Festschrift Cohen.

11. Die zehn S'phiroth der Kabbala sind zehn Prinzipien, durch die Gott die Welt erschaffen hat und erhält. Ausführliches hierüber im Kapitel »Die Oberen Welten und ihre Erotik«. Hier seien nur die Namen der zehn Urprinzipien angeführt: 1. Kether Eljon (Höchste Krone – der Wille – das Nicht-Sein), 2. Chochmah (intuitive Weisheit), 3. Binah (Vernunft), 4. Chessid (Gnade, Liebe), 5. G'bhurah (Gewalt), Tiph'ereth (Schönheit – Männlichkeit), 7. Nezach (Siegesglanz, Ewigkeit), 8. Hod (Majestät), 9. I'sod (Grundlage – Eros), 10. Malchuth (Herrschaft – Weiblichkeit).

12. Ganz ähnliche Spiele gibt es in der hellenischen Gnosis (Ed. Schultz: »Dokumente der Gnosis«). Im Judentum scheinen sie aber älteren Datums zu sein. (Siehe Oskar Goldberg: »Das Pentateuch ein Zahlengebäude«)

13. Vgl. das Kapitel »Das Traumhafte der Kabbala«.

14. R. Eliah war ein großer Kabbalist, Talmudist und Mathematiker und zeichnete sich vor allem durch seinen kritischen Geist und seine Selbständigkeit beim Studium aus. Charakteristisch ist, was über ihn sein Schüler Namens Chajim in der Vorrede zu diesem Kommentar er zählt: Es seien zu ihm (ähnlich wie zu anderen großen Rabbinern) Seelen verschiedener Heiligen aus dem Himmel gekommen, um ihm erhabene Geheimnisse der Torah zu offenbaren. Er habe sie aber zu rückgewiesen, denn er wollte alles aus eigener Kraft erforschen ... Er war ein fanatischer Bekämpfer des Chassidismus und doch haben die Chassidim sein heiliges Andenken für alle Zeiten im Gedächtnis behalten, so wie sie überhaupt aller ihrer großen Gegner bis heute mit der höchsten Hochachtung gedenken, während man sie in den Ländern, wo sie einst gewirkt haben, oft längst vergessen hat.

15. Vergl. Rud. Tischners Einführung in den Okkultismus!

16. Über die »Täuschung des Tags« der unteren Welten gegenüber der graduell höherstehenden und wahrhaftigeren »Finsternis« der oberen Welten der Kabbala siehe »Sidur Ari« zu »Jozer«!

17. Die Arbeit Paul Kammerers fand meiner Ansicht nach weniger Interesse als ihr gebühren

würde. Und doch kann sie auch technisch, wie er selbst hofft, vielleicht einst nützlich werden. Jedenfalls lässt sich durch seine Beobachtungen manches erklären, was bisher als Fabel galt. Ich habe z.B. seinerzeit versucht, auf Grund einer Spezialphase der Serialität, nämlich auf Grund der schon früher beobachteten aber eigentlich erst durch die Konstatierung der »Serialität« in die Wissenschaft eingebrachten »Duplizität der Fälle« in einem Aufsatz in der Krakauer hebräischen Zeitschrift »Hamicpe« (Jahrgang 16, Nr. 6) zu zeigen, dass sich durch diese Duplizität der Fälle erklären lässt, warum sich einige äußerst ähnliche Begebenheiten in der Bibel zweimal wiederholen, was bisher der Bibelkritik den Anlass zu einer unpassenden Quellenscheidung gab.

18. Ich bin selbstverständlich weit davon entfernt zu glauben, dass durch die Entdeckung Freuds das Problem des Traumes erschöpft ist. Dies würde nicht nur mit der talmudisch-kabbalistischen Vorstellung im Widerspruch stehen, sondern auch der modernen Wissenschaft nicht ganz entsprechen. Ich weise z.B. auf die Beobachtung Kammerers hin, nach welcher ein Traum, wie er meint, als ein Glied der »Serie« in einem in der Wirklichkeit vor sich gehenden zweiten Glied jener »Serie« in Erfüllung gehen kann (siehe Anfang von Kammerers »Das Gesetz der Serie«!), also ganz im Sinne der Alten!

19. Alle diese Verheißungen beziehen sich auf die Seele und sind daher bildlich zu nehmen. (Vgl. Talm. Chelek!)

20. Bezieht sich wohl auf die Judentaufen und Judenverfolgungen zur Zeit des Autors.

21. In der Kabbala, ja schon im Talmud, wird dem menschlichen Namen eine besondere Wirkungskraft zugeschrieben. Dass es auch in der all gemeinen Magie der Fall ist, hat neulich Edward Clodd (»Magie in Names«, London 1920) gezeigt. Dass dieser Glaube der Alten tatsächlich eine konkrete Grundlage hat, beweisen die psychologischen Entdeckungen Steckels.

22. Ähnliches lehrte auch der katholische Mystiker Meister Johannes Eckhart.

Berlin im Juli 2007

Inhaltsverzeichnis